Y.² 701.
S.

ZAMBEDDIN,

HISTOIRE
ORIENTALE.

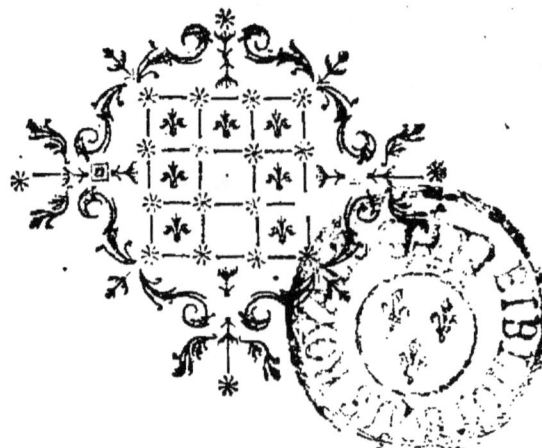

A AMSTERDAM,
Et se trouve à PARIS,

Chez Delalain, Libraire,
rue Saint Jacques.

M. DCC. LXVIII.

ZAMBEDDIN,
HISTOIRE
ORIENTALE.

Z AMBEDDIN nâquit au tems des Fées, dans la Grande Tartarie, dans un de ces Royaumes Orientaux, qui ne font pas marqués fur la carte. La joie que fa naiffance avoit caufée à fes parens, fut bien diminuée au bout de quelques années par fon exceffive laideur ; elle devint telle que les Courtifans même les plus flatteurs n'ofoient prendre la défenfe de fa figure ; on le cacha le plus long-tems qu'on put à fa mere fous divers prétextes ; & lorfqu'il fut abfolument impoffible de ne point lui faire voir, quelques foins qu'on eût pris pour l'y préparer, elle en fut effrayée au-delà de tout ce qu'on peut dire. Le Roi demeuré veuf bientôt après, pleura fa femme, ou ne l'a pleura point ; cela ne fait rien à notre hiftoire, & ne fongea qu'à s'occuper de l'éducation de fon fils, pour réparer autant qu'il feroit poffible les difgraces de la nature, par les agrémens de l'efprit & du caractere. Il y trouva peu de difficulté, foit que la nature en eût pris foin d'elle-même, foit que ce fût un don de quelque Fée, dont les hiftoriens trop attachés au Prince, nous ont fait un miftere pour lui en laiffer tout le mérite.

Zambeddin dès fa plus tendre enfance avoit l'art de fe faire aimer. La plus grande douceur dans le caractete, le plus grand défir de plaire, jamais un moment de hauteur ni d'humeur ; amufant dès qu'il fçut parler, ayant compris de bonne heure, & cela fans qu'on lui eût jamais dit, que les agrémens de la figure fervent beaucoup moins que l'extrême laideur ne peut nuire ; il difoit avec beaucoup de difgrace des

A ij

choses faites pour plaire & à force d'en dire, il y réussissoit. Tous ceux qui étoient auprès de lui, étoient sans cesse charmés des marques d'attention & de bienveillance qu'il leur donnoit ; toutes les femmes de sa cour en rafoloient ; sa générosité & sa galanterie se déployoient dans toutes les occasions, & tout le monde faisoit des vœux les plus ardens pour qu'il passât quelque Fée qui peut rémédier au défaut de la natute : il en venoit beaucoup ; car c'étoit une grande route ; elles étoient reçues au palais avec magnificence, mais elles étoient si accoutumée à entendre louer leur biénfaisance, leurs attraits, leurs belles qualités, qu'elles prenoient ces complimens pour une vérité, & on ne récompenſe pas ceux qui la diſent.

Zambeddin ſe promenoit un jour dans un bois auprès de la Ville, dans une caléche découverte avec ſes Gouverneurs, il rencontra deux femmes à pied, qui paroiſſoient marcher avec quelque difficulté ; comme elles n'avoient pas l'air de perſonnes du commun, il fit arrêter, leur demanda par quel haſard elles étoient ainſi ſeules & ſans ſuite, & apprenant que leur voiture avoit caſſée à quelques diſtances, il demanda à ſon Gouverneur permission de leur donner place, & il les fit monter avec lui. Leur conversation fit bientôt connoître que le Prince avoit eu raison d'en bien augurer ; elles y déployoient un agrément qui servit à faire briller celui de Zambeddin ; car le plus grand mérite de son esprit étoit de se proportionner si naturellement à celui des autres, qu'il n'en montroit jamais que ce qu'il en falloit pour ne pas leur paroître supérieur ; ce qui doit faire conjecturer que s'il s'étoit trouvé à quelque séance publique d'Académie, il y auroit fait voir un esprit sublime.

Arrivées à la Ville, les deux Dames demanderent à être conduites au Palais, où elles se firent connoître pour deux Fées. Le Roi enchanté que son fils se fut si bien conduit à leur égard, se plaignit de ce qu'il lui avoit laissé ignorer leur arrivée. On illumina le Palais, on rassembla la Cour, & le cercle fut très-beau. Nos deux Fées étoient un peu sur le retour, les complimens sur la beauté débités assez froidement, ne réussissoient guères auprès d'elles.

Zambeddin, en voyant à une qui étoit bien busquée dans son corps, une taille longue & bien roide, s'avisa de dire qu'avec une si belle taille, elle devoit naturellement aimer à danser les allemandes:

elle fit un sourire de complaisance, & sur le champ on mit un bal en train. Comme sa compagne ne marqua pas en avoir un égal désir, Zambeddin qui avoit une jambe d'un demi-pied plus longue que l'autre qui étoit crochue, lui proposa de jouer au Wisch, & en lui donnant à tirer, lui dit que son ajustement alloit très-bien à l'air de son visage, & tout simple qu'il étoit., ne cédoit en rien à la plus grande parure; il trouva qu'elle jouoit à miracle, se laissa quereller tant qu'elle voulut, convint toujours qu'il avoit tort, & réussit par conséquent à bien amuser ces deux compagnes de voyage : elles continuerent leur route le lendemain, en faisant connoître qu'elles étoient fort satisfaites de la manière dont elles avoient été reçues.

Quelques jours après, Zambeddin en passant par une galerie, découvrit sur une encoignure un coffret de la Chine, enrichi des plus belles pierreries du monde, au lieu de serrure, il y avoit un petit cadenat d'or à secret, à côté un petit porte-feuille de maroquin vert sur le fermoir duquel étoit écrit, au Prince Zambeddin. Il l'ouvrit, y trouva d'abord un petit billet qui disoit que le coffre de la Chine appartiendroit à la personne qui sçauroit l'ouvrir. Sur le cadenat étoient gravés différentes lettres, la clef n'y pouvoit entrer, que lorsque ces lettres étoient arrangées d'une certaine maniere. Elles se trouvoient toutes répétées sur vingt-quatre bandes de papier, Zambeddin en prit une pour lui, distribua les autres aux personnes des deux sexes les plus distingués; le coffret fut déposé entre les mains du Roi, on se rassembla le soir pour en faire l'ouvertute, personne n'y put réussir. Zambeddin se présenta le dernier; les lettres qu'il avoit arrangées formoient en langue Chinoise le mot *plaire*, & le cadenat s'ouvrit aussitôt. Le coffre contenoit un nombre confidérable de bijoux, auffi agréables par leur élégance, que précieux par leurs matieres. Il les diftribua fur le champ à toutes les perfonnes qui avoient inutilement travaillés à ouvrir le coffre, & fut affez heureux pour donner à chacun le bijou qu'il auroit choifi lui-même; il fe referva le coffre, & une tabatiere, qui à fon avis en faifoit le principal ornement: c'étoit une boëte qu'on imagine bien montée à la grecque, fur laquelle étoit un médaillon entouré de diamans qui renfermoit le portrait de la plus jolie perfonne du monde. Zambeddin fentit fon cœur ému pour la premiere fois, il ne fit voir le portrait qu'au Roi, fon pere, qui ouvrit la boëte, il y trouva deux bagues parfaitement femblables, chacune d'un feule diamant, d'un prix ineftimable. Zambeddin mit la boëte dans fa poche, & l'en tiroit à tout moment pour en confidérer le portrait.

Dans le Royaume foumis à l'Empire des Fées, l'ufage étoit que lorfque l'hériter préfomptif touchoit à fa dix-huitiéme année, il fit feul & fans fuite, (autre qu'un Ecuyer, meuble indifpenfable aux Héros) un voyage, pendant lequel il lui arrivoit plufieurs aventures, que la protection des Fées rendoit plus ou moins intéreffantes & célébres.

Il fut donc queftion de faire partir Zambeddin, il n'étoit pas propofable de le faire monter à cheval, il n'auroit jamais pu s'y tenir; on fe détermina à lui donner un cabriolet d'une fimplicité élégante ; un cheval le mieux dreffé qui fût jamais, & un Négre leftement habillé compoferent tout fon équipage. Il partit vers le foir en préfence de toute la Cour, qui témoignoit prendre à fa deftinée, cet intérêt qu'on ne peut s'empêcher de fentir pour ceux auxquels on eft tendrement attaché ; & au milieu des vœux de tout le peuple, il prit au fortir du parc, le premier chemin que le hafard lui offrit.

C'étoit dans le cœur de l'été, dans le plus beau Pays du monde, où il n'y avoit de différence de la nuit au jour, qu'un peu plus de fraîcheur & moins de clarté. Les fruits qui pendoient aux arbres de tous côtés, fervoient également à embellir la plaine, & à rafraîchir les voyageurs. Des fontaines interrompoient de tems en tems la tranquilité & le filence, par un doux murmure qui fe mêloit au chant des oifeaux, & lorfque Zambeddin étoit las de contempler un fpectacle fi beau, il confidéroit le portrait qui étoit fur fa boëte. Un foir qu'il étoit dans cette occupation affis au coin d'une haye : voilà une belle boëte & un joli portrait, dit tout à coup un homme qui se trouva sur son épaule, sans qu'il s'en fût apperçu ; si vous voulez me la vendre, je vous en donnerai tout l'argent qu'il vous plaira ; Zambeddin tourna la tête, & vit un homme superbement habillé, dont le cheval étoit ainsi que son cabriolet à quelque pas de distance : je suis fâché, dit Zambeddin, en serrant sa boëte, de ne pouvoir faire ce qui vous est agréable, mais ma boëte n'est point à vendre. Voulez-vous la troquer, repartit l'Inconnu, pas d'avantage, dit Zambeddin ; c'est une fantaisie, repartit l'Inconnu, qu'il faut absolument que je sa-

tisfasse, & vous feriez moins de difficultés si vous sçaviez que je suis..... Tout ce qu'il vous plaira, dit brusquement Zambeddin, mais vous n'aurez pas ma boëte; mais dtt l'Iinconnu, en haussant la voix, je ne suis pas accoutumé à me voir manquer de complaisance par des gens de votre espèce, j'aurai la boëte de force ou de gré : de force, reprit Zambeddin, en pâlissant de colère c'est ce qu'il faudra voir; mais je crois, mon petit ami, dit l'Inconnu, que vous voudriez joutter contre moi : je conviens, dit Zambeddin, que la partie n'est pas égale, mais voilà tout. Il recula quelques pas, & porta
la

la main à son cimetère ; mais au même inſtant il s'éleva un orage épouventable, l'air s'obſcurcit, les tourbillons de pouſſiere enveloppèrent Zambeddin, qui fut renverſé ſans beaucoup de difficulté ; lorſque cet orage fut diſſippé, il retrouva ſon cabriolet à côté de lui, & après avoir attendu aſſez long-tems ſon adverſaire, qui apparemment avoit été entraîné ailleurs, il remonta en voiture, & continua ſon chemin. En paſſant auprès d'un boſquet, l'agrément du lieu, l'eau limpide d'une fontaine & la beauté des fruits, l'inviterent à y entrer. Colibry (c'étoit le nom du Negre) prit ſoin de la voiture, Zambed-

B

din s'approchoit de la fontaine, lorfqu'un homme vint à lui : permettez, Seignenr, lui dit-il, fort refpectueufement que je vous mette en attitude ? De cette façon vous ferez à merveilles ; votre tête un peu plus fur l'épaule gauche, pour que je vous voye en trois quarts, & en fort peu de tems vous ferez quitte de moi. Dites-moi, je vous prie, répondit Zambeddin, affez étonné de quelle utilité il peut vous être que je fois ainfi placé : ne voyez-vous pas, Seigneur, cette palette, cette toile, ces pinceaux ? J'ai ordre de tirer les portraits de tous les héritiers préfomptifs des Royaumes circonvoifins, &

sçachant que vous passiez par ici.... Mais, interrompit Zambeddin, je vous prie de vous en dispenser, ma figure n'est pas assez attrayante pour désirer qu'elle passe à la postérité : je dois, répondit le Peintre, obéir aux ordres de la Fée Souveraine ; une jeune Princesse qui est à marier, doit choisir entre tous les Princes celui dont la figure lui plaira le plus. Comme je suis sûr, répondit Zambeddin, que son choix ne tomberoit pas sur moi, je renonce volontiers à l'espérance d'être connu d'elle par mon portrait. Eh ! pourquoi cette modestie, répondit le Peintre, vous êtes beaucoup mieux que vous ne pensez, ce font un des chefs-d'œuvre de mon art de vous peindre très-reſſemblant, & avec une figure très-agréable ; j'aime mieux le croire, répondit en riant Zambeddin, que de vous en donner la peine, & comme je ne veux point avoir le ridicule de m'être figuré que cela ſoit poſſible, vous me peindrez, ſi vous voulez. mais certainement ce ne ſera pas de mon conſentement, & je ne me tiendrai pas dans la poſture gênante que vous me propoſez. Vous me piquez d'honneur, s'écria le Peintre, & quelqu'obſtacle que vous y apportiez, je vous peindrai reſſemblant & fort joli. Zambeddin continue de rire, le Peintre de travailler; le cheval de paître, & Colibry de dormir. Quoiqu'il fît fort chaud, il y avoit du feu dans un coin du bofquet, & auprès une bouilloire remplie d'eau. Le Prince qui vit qu'elle alloit répandre, imagina que ce feroit rendre un fervice à la perfonne à qui elle appartenoit de la retirer du feu, ce qu'il fit. Peu après une vieille femme arriva tout en nâge, & s'adreffant à Zambeddin. Ah ! mon enfant, lui dit-elle, quel fervice vous m'avez rendu ! que c'eft bien fait d'être obligeant à votre âge : fi une feule goute de cette eau s'étoit répandue, il me feroit arrivé les plus grands malheurs du monde ; fi je l'avois pû prévoir, répondit Zambeddin, je l'aurois retirée avec encore plus de zèle & d'empreffement ; je veux, dit la vieille, vous en témoigner ma reconnoiffance, & tirant de fa poche une petite phiole de verre, elle la remplit de l'eau qui étoit dans la caffetiere : Tenez, dit-elle, vous avez de l'efprit, je ne puis vous dire les occafions où vous pouvez faire ufage de cette eau ; mais fouvenez-vous qu'elle peut vous être d'une grande utilité, & que comme elle eft le prix d'un bienfait, elle doit vous procurer de grands avantages. La vieille emporta fa caffetiere, & éteignit fon feu ;

le Peintre plia son ouvrage, & fit une profonde révérence à Zambeddin, qui remonta en cabriolet, & continua sa route.

Un soir qu'il passoit par une délicieuse prairie, comme elles sont toujours dans ce pays-là, il apperçut un loup assis sur un tapis de turquie, & à côté une brebis d'une blancheur éblouissante sur un carreau de velours bleu. Zambeddin élevé dans le pays de la Féérie, comprit d'abord que c'étoit l'effet d'un enchantement : au lieu de s'éloigner comme nous ferions aujourd'hui, il s'approcha au contraire, & dit au loup de l'air le plus honnête, Seigneur loup, je suis persuadé que vous n'êtes pas ce que vous paroiffez être, & s'il eft poffible de vous rendre votre premiere forme, je m'eftimerois très-heureux de pouvoir y contribuer. Le loup ne répondit rien, parce que les loups parlent rarement ; mais quittant l'air foucieux qu'il avoit eu jufques-là, il regarda Zambeddin avec un air de complaifance. Nous allons, pourfuit Zambeddin, Colibry & moi, parcourir à pied toute cette prairie, voulez-vous bien avoir la complaifance de tenir la bride de mon cheval. Le loup continuant fa mine gracieufe, avança la tête, & prit avec les dents la bride que Zambeddin lui préfentoit ; après une recherche

cherche inutile, Zambeddin se rapprocha : je n'ai rien trouvé, dit-il, au loup, qui pût indiquer aucune espèce de talisman ; mais aimable brebis, oserois-je sans troubler votre sommeil, vous déplacer quelques momens, il dérangea en même-tems le carreau de velours bleu, & le loup prit le visage du monde le plus gai, à l'aspect d'un anneau d'acier que Zambeddin apperçut ; & qui lui servit à lever une pierre noire, dans laquelle il étoit arrêté. Cette pierre fut à peine levée, qu'il en sortit le plus superbe feu d'artifice qu'on ait jamais vu, il dura très-longtems & couvrit toute la plaine ; mais lorsque ce brillant spectacle eut cessé, le Prince apperçut un magnifique jardin, & un Palais formé de marbres les plus précieux, dont il vit descendre un Prince & une Princesse, suivis d'une Cour nombreuse qui s'approcherent de lui. Les expressions de la plus vive reconnoissance, furent celles dont ils se servirent en lui adressant la parole ; Loupian & Brebiane, c'étoient leurs noms, l'inviterent à venir partager les amusemens de cette heureuse journée, la fête la plus superbe, & le souper le plus splendide dont ils lui firent les honneurs ; les spectacles, les jeux, les danses, seroient trop longs à décrire ; & lorsque la fête fut terminée, Zambeddin fut conduit dans un appartement où il passa tranquillement le reste de la nuit.

Le lendemain, comme il achevoit de s'habiller, il vit entrer Loupian dans sa chambre : Je viens, lui dit-il, vous réiterer non les assurances de ma reconnoissance, je serai peut-être assez heureux quelques jours pour vous la témoigner ; mais comme le plus sincere de vos amis, je viens sçavoir de vous ce que je ne pus vous demander hier durant le tumulte d'une fête ; apprenez-moi de grace qui vous êtes, quelles sont les raisons qui vous ont conduit en ces climats, & quel doit être le but de vos voyages. Zambeddin après avoir satisfait à toutes ses questions, lui témoigna aussi la même curiosité d'apprendre ses aventures, & Loupian lui en fit le récit en ces termes:

Le Roi, mon pere, & celui de Brébiane, étoient enfans des deux freres, leurs Etats se joignent, & il seroit impossible de connoître les limites qui les séparent, s'ils n'étoient indiqués par une petite riviere que l'on peut passer à gué dans tous les tems. Ainsi unis par l'amitié que par les liens du sang, ils passoient l'un chez l'autre la plus grande partie de l'année, & n'ayant eu d'autres fruits de leur mariage que Brebiane & moi, ils résolurent de réunir par notre alliance & leurs familles & leurs Etats. L'inclination que nous prîmes l'un pour l'autre, seconda si bien leurs intentions, que dès la plus tendre enfance, nous n'eûmes pas de plus grand plaisir que d'envisager le moment fortuné qui devoit nous unir ; ce fut notre espérance la plus chere & le but de tous nos désirs. Nous approchions du tems fixé pour notre mariage, lorsque la Fée Guenuche passa par la Cour du pere de Brebiane avec le Prince Tulipan son fils, qu'elle venoit de présenter à la Fée Souveraine. Tulipan fut ébloui de la beauté de Brebiane, & comme il avoit l'heureux talent de se croire de tous les mortels le plus aimable, il ne douta point que Brebiane n'eût pour lui les sentimens qu'il avoit conçus pour elle; il le dit à sa mère qui, sur la parole de son fils, se garda bien d'en douter, elle étoit prévenue pour lui au point de ne l'appeller jamais que Charmante Créature : véritablement il étoit bien fait, il avoit tout ce qu'il faut pour plaire, excepté le talent d'y réussir. Par un malheur inconcevable, il ne peut rien dire, il ne peut rien faire qui ne déplaise à tout le monde ; mais il a le bonheur d'être toujours content de lui. Comme l'avantage d'être fils d'une Fée, nous obligeoit d'avoir pour lui toutes sortes d'égards, & que d'ailleurs elle ne s'imaginoit pas qu'il dût faire un long séjour auprès d'elle; Brébiane se contraignit pour recevoir ses empressemens avec un air de politesse, qui lui persuada bientôt qu'elle y joignoit un intérêt secret; il étoit pareillement persuadé que j'avois pour lui une amitié sincère; il me fit l'honneur de me choisir pour le confident de sa passion, & dans les premiers tems Brébiane & moi, nous nous en amusions. Un jour que nous nous promenions ensemble dans les jardins, Tulipan avoua qu'il étoit dans le plus grand étonnement, de ce qu'ayant engagé la Fée Guenuche à demander Brébiane en mariage pour lui : cette proposition avoit été reçue avec la plus grande froideur; il m'assura que Brébiane n'avoit pas été consultée; mais en même-tems il se flatta que c'étoit un léger orage, dont il me promit de m'annoncer bientôt la fin. Il seroit toujours resté dans la persuasion que je n'étois pas son rival, parce qu'il n'imaginoit pas qu'il en pût avoir; si malheureusement la Fée Guenuche n'eût entendu une conversation que j'eus avec Brébiane. Je lui donnois la main pour traverser une galerie qui conduifoit chez la Reine, fa mere, elle voulut auparavant quitter fon mantelet, il n'y avoit auprés d'elle perfonne de fa fuite à qui elle pût le remettre ; je lui confeillai tout bas de le donner à Tulipan qui me paroiffoit tout propre à garder les manteaux ; elle fourit fans me répondre. Je ne m'apperçus pas que Guenuche m'avoit entendu, c'en fut affez pour la convaincre que je trahiffois les intérêts de fon fils : le peu d'empreffement que le Roi témoignoit pour cette alliance, lui perfuada que toute la Cour lui étoit contraire ; elle ne tarda pas à en tirer vengeance. On devoit ce jour-là faire une promenade sur un Canal qui embellit le Parc de la Maison de Plaisance du Roi : plusieurs petits batteaux étoient disposés pour recevoir la Cour, ils devoient être conduits par tous les jeunes gens habillés en matelots de la maniere du monde la plus galante. Tulipan devoit être le pilote de celui qui devoit recevoir Brebiane ; je ne laissois pas que d'être en peine, parce que je connoissois toute sa gaucherie, & j'aurois fort souhaité qu'elle prit place sur celui qui m'étoit destiné. Brebiane entra seul avec Guenuche dans la gondole de Tulipan : elle n'y fut pas plutôt placée, que le bateau s'éloigna d'abord avec une extrême précipitation ; & dès qu'il fût au milieu du canal, il s'abîma sous les eaux & disparut entierement. Toute la Cour jetta des cris inhumains, croyant que la mal-adresse de Tulipan alloit faire périr Brebiane ; vingt plongeurs se jetterent dans le canal pour lui donner du secours, mais inutilement ils chercherent la barque. J'avois perdu connoissance au moment que cet accident étoit arrivé ; lorsque je revins à moi, je connus par le récit des plongeurs, que c'étoit au pouvoir de Guenuche qu'il falloit attribuer l'enlévement de Brebiane, & je songeai au moyen d'apporter rémede à ce malheur.

Je volai chez ma tante Bredouillon la plus obligeante des Fées qui avoit pour toute sa famille & pour moi en particulier, l'amitié la plus tendre; je lui eûs à peine conté ce qui venoit de m'arriver, qu'elle demanda sa voiture à Aërienne, & m'ayant exhorté à avoir bon courage, elle partit pour aller trouver la Fée Souveraine : Guenuche s'en étoit bien doutée, elle avoit prévénu ma tante, & elle avoit obtenu de la Fée Souveraine, la permission d'unir Tulipan à Brébiane. Bredouillon conta à toutes les personnes qu'elle trouva dans les anti-chambres ce qui venoit de m'arriver, & quoiqu'elle mit peu de tems, parce qu'elle parloit fort vîte, elle répéta mon histoire tant de fois, que Guenuche étoit déja repartie. Enfin elle parvint au cabinet de Souveraine qui fut très-étonnée, lorsqu'à travers de toute la volubilité de son discours, elle comprit que Guenuche lui en avoit imposé; ce n'est pas que les Fées ne se donnent quelquefois la licence d'altérer la vérité, mais il ne faut pas que ce soit avec Souveraine, car c'est un crime qu'elle ne pardonne jamais; elle consulta sans diférer le miroir de vérité qui représente non-seulement les actions, mais encore les pensées de tous ceux qui y sont dépeints.

Elle vît que Guenuche ne pouvoit être accusée de mensonge; son aveugle tendresse pour Tulipan lui avoit persuadé, comme il lui avoit dit, que Brebiane étoit sensible à sa passion; & Tulipan avoit trop bonne opinion de lui, pour n'en être pas convaincu; mais comme Brebiane lui étoit chere, elle ne voulut pas être la cause de son malheur. Elle permit à Bredouillon de monter dans le Char de la vengeance, d'aller enlever Brebiane & de la rendre à ses parens & à ma tendresse. Bredouillon partît après des complimens pour la Fée, qui penserent ne pas finir, elle monta dans un Char attelé de Dragons qu'un nuage de feu transporta en un moment, dans le Palais de Guenuche; imaginez quelle dut être sa surprise & son effroi, lorsque ce Char terrible s'abattit dans ses jardins. Les Dragons vomissoient des torrens de flamme & de fumée: Bredouillon parut au moment que Tulipan venoit apprendre à Brebiane qu'elle étoit destinée à lui donner la main, & comme il avoit été assez téméraire pour vouloir la lui baiser, Brédouillon fut témoin d'un soufflet à poing fermé qu'elle lui donna & qui lui fit voir vingt chandelles; elle se jetta en même tems dans les bras de Brédouillon, & sans lui donner le tems d'achever les reproches qu'elle faisoit à Guenuche; elle l'entraîna dans le Char qui, au même moment s'enleva dans les airs, laissant Guenuche & son fils dans la confusion, la terreur & le désespoir.

Un moment après, je me trouvai transporté dans le Palais du pere de Brebiane que je la vis paroître dans le Chár avec ma tante Bredouillon; mais ce Char n'anonçoit plus la terreur & la colere : le nuage de lumiére sur lequel il étoit porté, ne m'inspira plus que du respect & de l'espérance. Je présentai la main à Brebiane pour descendre; pénétré d'amour & de joie, je me jettai à ses pieds sans pouvoir proférer

férer une seule parole ; ma tante ne fût pas de même. L'histoire de tout ce qui venoit de se passer, dura plus de tems à raconter qu'elle n'en avoit mis à l'exécuter, & en finissant son discours, elle dit qu'il falloit sans différer nous unir Brebiane & moi, dès le lendemain ; en conséquence on donna tous les ordres pour les préparatifs d'une fête, & plus la perte de Brebiane avoit été sensible, plus on se préparoit à se livrer à l'allegresse la plus vive.

Mais quel fut le lendemain le désespoir de toute la Cour, lorsqu'au moment où l'on fut rassemblé, que la joie & la magnificence éclatoient partout, on s'ap-

D

perçût que Brebiane n'étoit pas dans son appartement ? mon pere qui venoit pour me l'apprendre, vît pareillement que je n'étois pas dans le mien, & après des recherches inutiles, il fallut en porter la nouvelle à ma tante Bredouillon : il n'étoit pas possible d'imaginer que Guenuche eût osé rien entreprendre contre les ordres de la Fée Souveraine, dont la puissance étoit un frein qu'elle ne pouvoit rompre. Bredouillon après avoir discouru long-tems sur cet événement, prit le parti de retourner chez la Fée Souveraine. Les Cours sont orageuses, Bredouillon, quoique bonne créature, avoit des ennemis; à force de dire tout ce qu'elle sçavoit, il lui échappoit quelquefois des choses qu'elle auroit dû taire; lorsqu'elle arriva chez Souveraine, elle eût beaucoup de peine à lui parler, Souveraine joua la surprise; quoiqu'elle fut instruite de ce qui venoit d'arriver: elle lui fit voir dans le miroir de vérité, l'enchantement que vous venez de détruire. Vainement Bredouillon se jetta à ses pieds, & tâcha par un torrent de paroles d'émouvoir sa compassion en notre faveur: Souveraine lui dit, que quelquefois des considérations étrangères lui imposoient des loix à elle-même: que je resterois loup & Brebiane brebis, jufqu'à ce que les conditions de notre défanchantement fuffent remplies, mais elle lui promit que cette épreuve feroit la derniere, & que déformais rien ne troubleroit notre félicité; c'eſt à vous, cher Zambeddin, que nous la devons, foyez certain que nous n'en perdrons jamais la mémoire.

Pendant le féjour de Zambeddin, Loupian & Brebiane parurent fe partager toujours entre l'amour & l'amitié; mais enfin, il n'y a fi bonne compagnie qui ne fe fépare; il fallut partir: au bout de quelques jours, Zambeddin apperçût une ville, il n'en avoit pas trouvé depuis qu'il étoit en voyage ; ce n'eſt pas qu'il n'y en ait beaucoup, & toutes magnifiques dans l'Empire des Fées; mais ſoit par le haſard ou la volonté de la puiſſance ſecrette qui dirigeoit ſes voyages, ce fut la première, ce qui fit grand plaiſir à Colibry qui aimoit infiniment la ſociété : comme ils approchoient des portes de la ville, ils virent une grande quantité de Troupes ſous les armes. Des fanfares ſe faiſoient entendre dans les airs : un homme à cheval accourut à toute bride en voyant un équipage qui avoit bonne mine, & demanda à Colibry ſi c'étoit le Prince ; Colibry qui n'imaginoit pas qu'il y eût dans le monde

d'autre Prince que le sien, répondit qu'oui ; auffi-tôt le Cava-
lier repartit comme un éclair. Peu
après les troupes borderent la
haye, les Généraux s'approcherent pour complimenter Zambeddin qui ne croyoit pas être ainfi
attendu, il entra dans la ville au
bruit des inftrumens militaires &
de plus de cent piéces de canon
portées fur le dos des chameaux.
Un peuple immenfe contemploit fa
figure, ce qui lui faifoit médiocrement plaifir ; lorfqu'il mit pied
à terre, les Généraux qui l'a-
voient accompagné, fe joigni-
rent aux Mandarius qui l'atten-
doient : on le fit entrer dans un
fallon meublé des plus belles étof-

fes de la chine, où on lui fervit des rafraîchiffemens, & lorfqu'on imagina qu'il avoit eu affez de tems pour fe repofer, on le conduifit à l'audience de la Reine; mais il avoit mis à profit le peu de tems qu'il avoit paffé dans le falon. Il avoit trouvé moyen de s'inftruire du nom des principales perfonnes dont il étoit entouré : il avoit dit aux Généraux qui l'avoient conduit des chofes obligeantes, fur l'ordre des troupes & la maniere d'exécuter leurs évolutions ; en un mot il avoit eu le tems de fe concilier une bienveillance générale, & on ne faifoit déja prefque plus attention à fa figure. La Reine l'ayant reçu de la maniere du monde la plus gracieuſe & avec toute la conſidération due à ſon rang. Zambeddin dut trouver qu'il s'en falloit beaucoup que ce Palais ne fut auſſi magnifique que celui du Roi ſon père, il parut cependant en admirer les bâtimens & le goût avec lequel il étoit décoré. L'entretien ne fut pas long, la Reine le pria d'aller ſe repoſer quelque tems dans l'appartement qui lui étoit deſtiné, & de revenir à la fin de la journée, pour voir l'aſſemblée de toutes les Dames de ſa Cour.

Pendant que Zambeddin étoit au Palais, Colibry par ſon ordre s'occupoit à s'inſtruire de tout ce qui

qui regardoit cette ville. Dès qu'on se fût retiré, il lui apprit que le Royaume appartenoit à la Princesse Boudinette, fille de la Reine Bichonne, qu'ayant une extrême envie de se marier, elle recevoit magnifiquement tous les étrangers, jusqu'à ce qu'elle en eût trouvé quelqu'un digne de devenir son époux, qu'elle étoit fort difficile, & qu'elle en avoit déja refusé plusieurs ; au reste qu'elle avoit un excellent caractère, & qu'elle jouoit parfaitement bien du clavessin.

Pendant que Zambeddin écoutoit le compte que lui rendoit Colibry, Boudinette faisoit à sa mere les plus instantes prieres pour ne point l'obliger à paroître ; ce n'eſt pas qu'elle ne fut coëffée avec tout le ſoin poſſible, parce qu'on lui avoit annoncé l'arrivée d'un Prince très-aimable ; elle étoit venue à la faveur d'une jalouſie voir Zambeddin, ſitôt qu'il avoit paru, & il lui avoit déplu à tel point, que pour s'exempter de le voir, elle alloit déclarer qu'elle étoit malade prête à ſe faire ſaigner ſi il étoit beſoin, lorſqu'on vint annoncer l'arrivée d'un autre Prince : Certaine alors, que ce ſeroit celui qu'elle attendoit, elle courut mettre ſa parure à ſa perfection. Ce Prince arriva en effet, il fut reçu par la Reine avec les mêmes égards que

Zambeddin, conduit de même à son appartement où il demeura jusqu'au moment où on vint l'avertir ainsi que Zambeddin, de se rendre chez la Reine pour y passer la soirée. Tulipan, c'étoit lui-même, se donna bien de garde d'arriver avant que tout le monde fut rassemblé ; en effet, c'est un coup de théatre que d'attirer ainsi les yeux de toute une Cour; à la vérité, il fallut essuyer le petit désagrément de n'avoir que la seconde place, car le Royaume de Zambeddin avoit la prééminence sur le sien, mais il se trouva tout naturellement placé auprès de Boudinette ; ce n'est pas qu'elle fît aucun effet sur son cœur : elle étoit petite, d'une taille courte & engencée, la gorge basse, un de ces teints gris qui font que le visage n'a jamais d'air de jeunesse, mais elle étoit coëffée avec la plus grande prétention, & mise avec beaucoup d'élégance; elle comptoit infiniment sur le succès de ses charmes, & comme c'étoit pour Tulipan qu'elle avoit fait une toilette si recherchée; elle l'attendoit avec la derniere impatience; Tulipan selon son usage de vouloir avoir la préférence auprès de la personne la plus distinguée, ou par le rang, ou par la figure, ne manqua pas d'entrer en conversation avec elle, parlant très haut, riant beaucoup, & cherchant à attirer à lui l'attention de toute la compagnie ; il y parvint en effet, mais d'une maniere qui ne lui fut pas avantageuse. Zambeddin qui ne pouvoit en conscience louer la figure de la Princesse, parla du moins avec éloge de sa parure. Tulipan l'interrompit pour lui dire qu'on ne se coeffoit plus ainsi bas à la Cour de Souveraine, & qu'assurément c'étoit de-là que devoient venir les modes. Il trouva que plusieurs des Dames faisoient mal la révérence, que ses diamans étoient montés à la vieille mode, citant à tout propos la Cour de Souveraine, au goût de laquelle il avoit infiniment contribué. Bichonne qui fe piquoit fur toutes chofes d'agrément & d'intelligence dans les chofes de goût, fe trouva, on ne peut pas plus, offenfée de tous les propos de Tulipan. Boudinette prit le parti de fa coëffure avec une aigreur dont tout autre que lui fe feroit apperçu : enfin arriva l'heure du bal qui fuivit le fouper, où Tulipan n'avoit pas trouvé moins à blâmer que dans tout le refte. Le bal fe donnoit dans une gallerie dont Tulipan propofa de réformer les ornemens, parce qu'ils n'étoient pas à la grecque. Lorfque tout le monde fut placé, il crût faire une bonne plaifanterie, en difant que c'étoit à Zambeddin à ouvrir le bal, & Boudinette eût véritablement l'étourderie d'aller le prendre pour danser. Zambeddin au lieu de se déconcerter, se leva, fit la révérence, & prenant ensuite la main de Boudinette, la baisa très-respectueusement, en disant que c'étoit un bonheur auquel sans cette occasion, il n'auroit osé prétendre. Bichonne qui étoit rouge de peur qu'il ne fut offensé, fut ravie de la maniere dont il prenoit la plaisanterie ; elle obligea Boudinette à l'embrasser ; Zambeddin l'ayant ensuite prise elle-même, l'embrassa de même, & ils retournerent l'un & l'autre à leur place. Tulipan persuadé que tout le monde alloit l'admirer, ouvrit le bal avec Boudinette ; à la vérité, elle ne danſoit pas bien, mais au moins danſoit-elle en cadence, & ſçavoit-elle les figures : Tulipan au contraire manquoit la meſure à chaque moment, marchoit ſur les robes, déchiroit les manchettes, & dérangeoit toutes les coëffures ; il vouloit enſeigner des contredanſes dont il eſtropioit les airs & brouilloit les figures, enſorte que tout le monde le portoit ſur les épaules. Zambeddin qui voyoit Bichonne très attentive à lui tenir compagnie, avoit demandé la permiſſion de ſe retirer d'aſſez bonne heure pour ne la point contrarier, si elle avoit envie de danser; mais Tulipan ne voulut jamais désemparer, & Boudinette en fut à tel point excedée, qu'après le bal elle reconduisit sa mere dans son appartement, & avant de se retirer, lui déclara que ces deux Princes lui étoient également odieux, & qu'elle ne pourroit jamais se déterminer à épouser ni l'un ni l'autre.

Bichonne n'étoit pas absolument de l'avis de sa fille, elle trouvoit Zambeddin très-aimable dans la conversation qu'ils avoient eu pendant le bal : elle lui avoit demandé à laquelle de toutes les Dames il donnoit la préférence; c'est un des lieux communs qu'on dit toujours aux jeunes gens; il lui répondit, qu'assuré de ne pouvoir jamais être aimé, la beauté ne devoit pas avoir seule le droit de le décider, & qu'il étoit juste que l'esprit & le caractère entrassent dans la balance; c'est-à-dire, répondit Bichonne que la figure vous est totalement indifférente : je ne dis pas cela, repondit le Prince en soupirant, mais fait comme je suis, seroit-il juste que la beauté & la jeunesse eussent sur moi les mêmes droits qu'elles ont sur tous les autres. Bichonne se rengorgea à ce discours, elle tira un petit miroir de sa poche, & en plaçant une mouche entre ses deux sourcils; en vérité, dit-elle, je suis de votre avis, il y a des agrémens qui valent la beauté, & qui doivent dans le cœur tenir le premier rang. J'en suis si persuadé, reprit Zambeddin, que, lorsque mon cœur se donnera, je tâcherai d'être assuré du caractère de la personne à qui je l'offrirai : ce n'est jamais que par un pareil choix que je puis me flatter que son hommage soit agréé. Bichonne dans ce discours, crut entrevoir qu'elle ne déplaisoit pas à Zambeddin, & quoiqu'elle n'eut point de projet, cela fait toujours plaisir.

Lorsque Tulipan étoit entré dans la salle du bal, Zambeddin

l'avoit reconnu pour l'homme qui avoit voulu lui enlever le portrait qui étoit fur fa boëte ; mais malgré une figure auffi remarquable, foit attention pour le portrait, foit pour quelqu'autre raifon que j'ignore ; il eft certain que Tulipan ne le reconnut pas. Il étoit de fon devoir de faire la premiere vifite à Zambeddin, & celui-ci fçavoit trop ce qu'il devoit à fon rang pour le prévénir, mais après que Tulipan lui eût fait une vifite avec toute la gaucherie dont il étoit capable, il la lui rendit avec une politeffe & des manieres fi nobles, qu'il enchanta toute la Cour; ils partirent enfuite enfemble pour fe rendre chez la Reine, & ne sçachant trop que dire, Zambeddin lui demanda s'il avoit des projets sur la main de Boudinette ; A vous dire le vrai, répondit Tulipan, je crois que cela ne me feroit pas fort difficile, il y a dans les Etats de la Fée Souveraine peu de partis à qui je doive céder, cependant sans vouloir, pour la personne que j'épouserai, afficher une fidélité que les circonstances rendent presque impossible aux gens d'une certaine tournure, je voudrois qu'elle eût assez d'agrémens pour me fixer au moins pendant quelque tems ; si vous voulez que je vous parle franchement, je trouve que c'est un par-ci qui vous conviendroit fort. La trop grande beauté auroit pour vous des inconveniens que probablement elle n'aura pas pour moi, & si vous voulez me charger d'en faire l'ouverture, je le ferai avec une adresse dont vous n'aurez pas lieu d'être mécontent. Je puis dire sans vanité, que c'est un de mes talens de conduire les affaires les plus délicates. Zambeddin le remercia, en lui disant que le soin de son établissement regardoit le Roi son pere, & qu'il lui déplairoit à coup sûr, s'il faisoit des démarches, sans être instruit de ses intentions.

Quelques jours après, Zambeddin seul dans son appartement,

s'occupoit le matin à confidérer le portrait qui étoit fur fa boëte, & fe reprochoit à lui-même l'attention & le plaifir que lui infpiroient cette vue. Il étoit étonné que le portrait d'une inconnue eut tant de droits fur fon cœur; il fentoit qu'il ne pouvoit jamais fe flatter d'être aimé d'une perfonne auffi parfaite : Il ignoroit également fon exiftence, & les motifs qui l'avoient engagé à lui faire ce préfent, lorfqu'un bruit de trompettes qu'il entendit, le fit fortir de fa rêverie, & l'engagea à ouvrir fa fenêtre ; elle donnoit fur une parfaitement belle place, où ce bruit avoit attiré un peuple infini. Quatre Nains

montés sur des chameaux, son-
noient de la trompette, & précé-
doient un Elephant blanc magnifiquement enharnaché qui portoit
deux litieres ouvertes ; dans chacune étoient deux timballiers superbement habillés, & entre ces
deux litieres, un palanquin tout
éclatant d'or sous lequel étoit assis un Géant, qui, lorsque les
instrumens eurent cessés, cria d'u-
ne voix formidable : belle femme
& joli Royaume à gagner. Avis
à tous les jeunes Princes de l'Empire des Fées. » Mirazeid la plus
» belle princesse du monde, offre
» sa main & son Royaume à ce-
» lui qui pourra délivrer le Roi
» Mirysalieb son père de l'enchantement

» tement où il est retenu depuis
» tant d'années ; ceux qui se sen-
» tiront assez de courage, de for-
» ce & d'adresse pour tenter cet-
» te périlleuse entreprise, remet-
» tront leurs soumissions par écrit
» avec leurs signalemens, aux mains
» du Héros qui fait cette procla-
» mation.

La premiere idée de Zambeddin, fut de tenter une aventure
où il y avoit de la gloire à ac-
quérir, mais croyant la beauté
de Mirazeid inférieure à celle de
la personne dont il avoit le portrait, ce desir fut bientôt évanoui. Il avoit laissé sa boëte sur
son sécrétaire, il s'en rapprocha
pour la considérer, lorsqu'il vit

une patte de chat blanc qui n'y étoit pas auparavant; convaincu que cette patte devoit servir à quelque chose, il la prit pour l'éxaminer, la trempa sans beaucoup de réflexions dans un cornet d'encre de la chine qui étoit auprès de lui, & l'ayant approché d'une feuille de papier, il fut très-étonné de lui voir écrire beaucoup plus lisiblement qu'à une patte de chat n'appartient. Vos amis vous conseillent de tenter l'aventure, ayez bonne espérance; c'en fut assez pour le déterminer, il essuya avec grand soin la pate de chat qui disparut aussitôt, il attendit avec impatience que le héros avec tout son corté-

ge repaſſa ſous ſes fenêtres, &
l'ayant fait appeller par Colibry,
l'élephant s'approcha, & pré-
ſentant ſa troupe, prit de la main
du Prince un papier conçu en ces
termes ; « Zambeddin fils du Roi
» de l'Iſle des Poupelains, ſe pré-
» ſente pour tenter avec l'agré-
» ment de la Fée Souveraine, la
» délivrance du Roi Miryſaheb »
Le Géant avoit fait la même pro-
clamation ſous la fenêtre de Tulipan, lequel ne doutant de rien,
s'étoit préſenté tout de ſuite,
ſans penſer à autre choſe qu'à la
beauté de Mirazeid, perſuadé que
la plus belle princeſſe de l'univers devoit naturellement être
ſon partage. Quant à ſon ſignale-

F ij

ment; voici celui que la Fée Guenuche avoit soin de faire répandre dans tous les endroits où il
devoit passer : » Le Prince Tuli-
» pan joint une taille de la plus
» belle proportion aux traits les
» plus réguliers. La vivacité de
» ses yeux annonce celle de son
» esprit, il a autant d'agrément
» dans la conversation que de grâ-
» ces dans toute sa personne. »

Le bruit se répandit bientôt à
la Cour que les deux Princes vou-
loient entreprendre de détruire
l'enchantement; Boudinette en fut
ravie dans l'espérance d'en être
plutôt débarassée : Tulipan trouva
très-plaisant que Zambeddin voulut entrer en lice, il lui en fit la ques-

tion avec un air d'ironie extrêmement déplacé, Zambeddin répondit qu'il avoit ouï dire qu'avec du courage & de l'esprit on venoit à bout de tout ; qu'on avoit du courage à moins d'être un mauvais sujet, & que pour de l'esprit, personne n'étoit jamais convenu de n'en point avoir. Boudinette prit avec aigreur le parti de Zambeddin, parce qu'elle en vouloit d'ailleurs à Tulipan. Celui-ci répondit avec peu de ménagement, & ils se séparerent brouillés à couteaux tirés. Peu de jours après, un des trompettes leur apporta l'ordre de partir sans délai pour achever leur entreprise. Tous deux prirent congé de

Bichonne, de Boudinette, & de la Cour; l'un autant regretté que l'autre l'étoit peu.

Tulipan malgré toute sa confiance, eut pourtant le bon esprit d'imaginer que le secours de Guenuche pouvoit lui être utile; une fumigation de quelques grains de carabé auroient suffi pour une occasion ordinaire: l'importance de celle-ci fit qu'il y joignit trois pastilles d'ambre, & Guenuche parut aussi-tôt. Eh! charmante créature, lui dit-elle, qu'avez-vous fait? Votre courage vous a emporté, je vous en sçais bon gré, mais de toutes les entreprises que vous pouviez tenter, celle-ci est la plus difficile; mon secours n'y peut rien, c'est à l'esprit seul à vous tirer d'affaire, je ne puis même vous donner aucun avis. Vous rencontrerez sous vos pas tout ce qui doit vous faire réussir, le tout est de sçavoir le mettre en usage; je sçais que ce que vous ne ferez pas, il y a peu d'apparence qu'un autre le puisse faire, mais le malheur d'autrui ne nous consolera pas du vôtre. Comment répondit Tulipan d'un air déconcerté, si je n'en viens pas à bout, ce que j'ai peine à croire, je tomberai aussi dans le même enchantement. Hélas! oui, répondit Guenuche, vous serez puni de votre témérité ; ma foi, répondit Tulipan, que Mirysaheb s'accommode, je retire ma parole; non, dit Guenuche, il n'eſt plus tems, il faut partir & mettre en uſage pour réuſſir, tout ce que vous avez de courage & d'eſprit.

La porte par où Zambeddin étoit ſorti de la ville, fut la même que celle par où il y étoit entré. Tulipan eut grand ſoin de ſortir par la porte oppoſée, ce qui fatigua les troupes, & le fit maudire par les Officiers: ils ſuivirent chacun leur chemin, & on demandera peut-être celui qui terminoit leur route; c'eſt ce que je ne ſçaurois dire, ſoit qu'il y eût là-deſſus des regles qui ne ſont pas venues à ma connoiſſance, ſoit quelque autre raiſon que je ne ne sçais pas, ils prirent chacun des chemins différens. Au bout d'un tems assez long, Zambeddin découvrit une maison dans une position agréable ; il y avoit une enseigne assez embrouillée, au bas de laquelle on lisoit, *bon logis à pied & à cheval*, Zambeddin y entra & Colibry appella pour qu'on vint le recevoir, une jeune fille sortit de la maison. Quel fût l'étonnement de Zambeddin, quand il la reconnut pour l'original du portrait qui étoit sur sa boëte ! s'il fut transporté de joie de la voir, il fut pénétré de douleur de l'état obscur où il la trouvoit ; car elle étoit vêtue en servante de cabaret; elle aida à Colibry à dételer le cheval, à le conduire à l'écurie, à l'attacher au ratelier avec un air de douceur & de modestie qui perçoit le cœur de Zambeddin : elle le conduisit dans une chambre assez propre, & comme elle lui demandoit ses ordres pour le souper, elle entendit une voix qui crioit : Oh ! la fille ? & en même-tems, il apperçut Tulipan qui s'avançoit sous le vestibule. Ah! mon ami Zambeddin, dit-il, je suis ravi de te voir, c'est une preuve que tu as pris la bonne route; si tu veux nous souperons ensemble. Volontiers, répondit Zambeddin, & nous ferons, continua Tulipan, souper avec nous la fille de l'auberge. Elle est jolie, l'as-tu vue ? je viens de l'entrevoir, répondit Zambeddin, & sur sa physionomie, je crois que vous pourriez vous tromper en imaginant.... Ah ! tu es délicieux avec tes égards ; va, va, j'en fais mon affaire : Zambeddin ne répondit rien, il entra dans un assez joli jardin où conduisoit le vestibule, & rêva tristement assez long-tems, sans bien connoître l'objet de sa rêverie. Enfin on vint l'avertir qu'on avoit servi, & il seroit mal-aisé de dire qui l'emporta dans son cœur de l'étonnement ou du chagrin, lorsqu'il vît la jeune personne dont nous avons parlé, venir se placer à table entre Tulipan & lui. La décence de son maintien, la modestie & l'agrément de ses discours, les graces répandues sur toute sa personne, furent bientôt la seule chose capable de l'occuper, il n'eût pas besoin de parler beaucoup ; Tulipan fit seul tous les frais de la conversation, & s'enyvra moins de vin que de son bavardage. Au dessert, dans un transport de gaîté & de galanterie, il saisit & baisa la main de la jeune servante : elle en parut indignée, & retira sa main avec dédain ; Zambeddin prit un air sérieux, Tulipan dit que pour obtenir sa grace, il falloit qu'il prît un baiser ; elle fit un cri & se jetsa dans le jardin ; Tulipan après elle, Zambeddin enfuite qui parla à Tulipan avec beaucoup de vivacité. Tulipan le prit mal, de propos en propos, ils mirent l'épée à la main. Tulipan mal affuré fur fes jambes, chancela, s'enferra lui-même dans l'épée de Zambeddin, & tomba fort bleffé fur le gazon. Toutes les femmes qui étoient dans l'auberge, ayant entendu crier, fe mirent à en faire autant ; les hommes fe faifirent de tous les uftenfiles d'écurie ; on alloit s'égorger fans fçavoir pourquoi, Zambeddin prit un air impofant qui fit taire tout le monde, & chacun retourna à fa befogne, fans fçavoir de quoi il s'agissoit. Guehuche arriva toute échevelée au secours de son fils qui frémissoit de honte & de rage : elle l'assura que le serein avoit rendu la terre glissante, & qu'il étoit tout simple de faire des faux pas : les Fées ont le secret de guérir sur le champ toutes les blessures qui ne sont pas mortelles, & pour obvier à tout inconvénient, elle l'obligea de monter à cheval & de continuer sa route.

Le lendemain matin, Zambeddin qui avoit bien dormi, parce que la bonne conduite met du beaume dans le sang, se préparoit à partir, lorsque la vieille maitresse de l'auberge entra dans la chambre. Elle venoit le remercier de tout ce qu'il avoit fait la veille, & lui souhaiter un bon voyage; apprenant de lui qu'il alloit tenter l'aventure de l'enchantement de Mirysaheb; n'allez pas, lui dit-elle, prendre la grande route que vous voyez vis-à-vis de la maison, c'est celle qu'a suivi votre camarade, à deux mille d'ici, il a culbuté cul par-dessus tête, & il est à courir après son cheval qu'il ne retrouvera peut-être pas de deux jours. Je vais vous indiquer un meilleur chemin: Petite fille, venez conduire ce Monsieur, ouvrez-lui la petite porte du jardin qui mene dans le verger; je vais envoyer son cabriolet qui l'attendra au bord de la haie. Zambeddin qui ne défiroit autre chose que de parler en particulier à l'objet de son amour, remercia très-affectueusement la mère, & suivit son aimable guide. Plus je vous considére, lui dit-il, après avoir gardé quelque tems le silence, plus je me persuade que vous n'êtes pas ce que vous voulez paroître. Je ne puis m'accoutumer à vous voir dans l'état abject où je vous laisse, mais il ne tient qu'à vous d'en sortir ; vous seriez le plus bel ornement de la Cour de mon pere, peut-être ne me seroit-il pas difficile de vous y faire conduire, & je m'estimerois trop heureux d'avoir pu vous rendre quelque service. Cette façon de penser, reprit la jeune fille, est une suite des bontés que vous m'avez témoignées en présence de Tulipan, & dont je ne perdrai jamais le souvenir. Se peut-il, reprit Zambeddin, avec vivacité, qu'il ait pu vous manquer de respect un seul instant, & qu'il ait des sentimens si différens de ceux que vous m'avez inspirés : je brûle pour vous de l'amour le plus tendre, mais je ne vous en donnerai jamais que des témoignages dignes de paroître à vos yeux sans vous déplaire ; vous avez sans doute, répondit-elle, moins de tort que Tulipan, mais c'est toujours en avoir, que de parler d'amour à celles qui ne sçauroient en écouter le langage ; il est vrai, répondit Zambeddin, aussi n'étoit-ce pas mon projet de vous le dire. Je ne puis cependant vous prier de l'oublier ; je vois ma faute, mais je ne puis m'en repentir : il faut donc que je prenne le parti de vous la pardonner ; car après ce que vous avez fait pour moi, il n'est pas naturel que nous nous séparions brouillés ; j'irai même plus loin : les sentimens que vous me témoignez sans faire aucune impression sur mon cœur, ne laissent pourtant pas de me flatter, & ma confiance doit en être le prix. Ah ! répondit Zambeddin en soupirant, que pourfois-je désirer de plus ? L'amour est un sentiment que je n'aurai jamais droit d'inspirer ; qu'il me soit seulement permis d'aimer. Que mon hommage soit reçu sans dédain , & je suis satisfait. Ah ! du dédain , répartit-elle, vous êtes trop modeste ; vous ne ferez jamais dans le cas d'en éprouver : je ne vous aimerai jamais, il est vrai, mais le mépris est encore plus loin de mon cœur que la haine. Vous ne m'aimerez jamais , répondit Zambeddin ; je le sçais, mais cela n'est pas honnête à dire ; contentez-vous de ne me pas donner d'espérance ; mais du moins ne cherchez pas à me désepérer : mais , dit-elle, la franchise fait le fond de mon caractère ; ainsi, répondit Zambeddin, si j'osois vous demander, si vous en aimez un autre, je vous répondrois qu'oui, dit-elle. On doit toujours, dit Zambeddin, se sentir honoré de la confiance de ce qu'on aime ; mais en voilà une preuve que je vous avoue que je n'ambitionnois pas. Aussi, répondit-elle, n'est-ce pas celle que je voulois vous donner ; la phrase m'a emportée, ainsi que vous. Au lieu de vous parler de l'état de mon cœur, je voulois vous entretenir de celui de ma naissance ; je ne suis effectivement pas ce que je parois être, mais il m'est défendu de vous dire qui je suis ; tous ceux qui veulent tenter la même entreprise que vous, doivent nécessairement passer par ici ; mon devoir est de les y recevoir & de souper avec eux ; car n'imaginez-pas que sans cela j'eusse accepté la proposition de Tulipan ; je vous avoue, interrompit Zambeddin, que vous m'ôtez un grand poids de dessus les épaules ; mais avez-vous déjà vu beaucoup de gens empressés de délivrer Miry-Saheb; il en est venu déjà plusieurs, répondit-elle, qui apparemment ont manqués leur coup ; il n'y a que vous encore qui ayez pris le chemin par lequel on peut arriver avec les espérances les mieux fondées. Je serois certain de mon succès, reprit Zambeddin, si vous y preniez intérêt, & si vous faisiez des vœux pour moi. Le seul pour qui j'en voudrois faire, dit-elle, n'a point encore paru : je ne sçais s'il est dans le cas de tenter cette entreprise ; je vous dois assez pour faire des vœux pour vous, si des raisons particulieres ne m'en détournoient. Pour moi, dit Zambeddin, je ne fais des vœux que pour une seule chose, c'est de vous voir heureuse, & de pouvoir passer ma vie à vos pieds : terminons, dit-elle, une conversation qui devient trop animée de votre part. Voilà votre cabriolet, continuez votre chemin, & permettez que je me retire : Zambeddin la suivit des yeux jusqu'à ce qu'elle fut rentrée dans le jardin ; pénétré de joie de ce que l'objet de sa tendresse étoit une personne vivante, & se refusant à l'espérance secrette d'être heureux quelque jour, il tira sa boëte pour s'entretenir avec l'image de celle qui s'éloignoit de sa vûe.

Lorsque le cheval de Tulipan, saisi d'une terreur panique, l'eût jetté à terre, il courut long-tems après pour le ratrapper. Le cheval galoppoit toujours devant lui à une très-petite distance, sans jamais se laisser approcher ; enfin n'en pouvant plus, & perdant espérance de le réjoindre, Tulipan se jetta sur l'herbe & s'endormit;

s'étant réveillé au bout de quelques heures, il découvrit une riviere, dont il fuivit long-tems les bords & apperçut un homme au pied d'un arbre affis tranquillement. Bon-homme, lui dit-il, comment fait-on pour paffer cette riviere? Vous allez le voir tout à l'heure, répondit celui-ci, en même tems il fit un entrechât & fauta de l'autre côté de la riviere, & tournant enfuite fur le talon d'un fecond faut, il fe retrouva à fa place ; oui, mais répondit Tulipan, je ne fuis pas comme vous un fauteur en liberté: Oh! c'eft que vous ne connoiffez pas vos forces ; avec un paffeur tel que moi, on eft léger comme

une

une plume. En même tems, il donna la main à Tulipan & prit son élan : il la franchît à son ordinaire, mais Tulipan n'alla qu'à la moitié ; il tomba au milieu de la riviere qui étoit assez profonde, cependant sans se faire du mal, car l'eau soutient toujours un peu, il se trouva par bonheur au pied d'un dégré de pierre, caché par les eaux de la riviere : il le remonta avec précipitation & trouva le passeur qui rioit à gorge déployée de lui voir dégoûter l'eau de toute part. Tulipan eut d'abord envie de se fâcher ; mais imaginant que cet homme pouvoit lui donner quelques lumieres sur son entreprise ; avez-vous, lui dit-il, fait faire la même capriole à bien du monde? à tous ceux qui avoient les mêmes idées que vous. Eh! que me reste-t'il à faire, reprit Tulipan? avant toutes choses répondit le passeur, vous emparer de l'escarboucle impériale. Vous trouverez au bout de cette plaine le Palais où il est gardé par un Dragon qui le tient entre ses dents. Mais, dit Tulipan, me le donnera-t-il, dès que je me présenterai; c'est une politesse, répondit le passeur, que je ne pense pas qu'il ait encore faite à personne, mais peut-être méritez-vous des préférences, je le désire. Apprenez-moi; dit Tulipan, les moyens qu'il faut mettre en usage.... Vous avez l'esprit, répondit l'autre, du moins, je le suppose, c'est à vous à l'éprouver; il pourroit venir des passagers, je m'en retourne à mon poste, il faut toujours être prêt à rendre service: en même-tems d'un saut, il franchît la riviere & retourna s'asseoir au même endroit. Tulipan après avoir fort impatiemment fait sécher ses habits au soleil, continua sa route assez incertain s'il suivoit le bon chemin, & dès qu'il fut nuit, il apperçût une lumiere extraordinaire, vers laquelle il dirigea sa marche: cette lumiere partoit de l'escarboucle dont l'éclat merveilleux pouvoit se comparer à celui du soleil. A mesure que Tulipan approchoit, il étoit saisi d'admiration ; mais comme la plaine étoit extrêmement découverte, Tulipan se trouva bientôt envelopp éd'une lumière prodigieuse ; le Dragon même l'apperçut, & fixant sur lui ses regards, Tulipan ne pût soutenir celle qui partoit de l'escarboucle, & se trouvant tout-à-coup ébloui au point de perdre la vue, & même le sentiment, il tomba évanoui sur l'herbe.

Après avoir marché long-tems, Zambeddin découvrit une riviere avec un magnifique pont de pierre, vers lequel il porta ses pas ; mais lorsqu'il fut au bord, il trouva la riviere extrêmement encaiſſée, des rivages très-eſcarpés, & ce qu'il y avoit de plus fâcheux, les deux premieres arches du Pont manquoient, & il n'y en avoit aucun veſtige. Pendant qu'il réfléchiſſoit à ce qu'il avoit à faire, il vît déboucher d'un bois voiſin un petit boiteux qui prenoit lentement le chemin du Pont, & pour l'attendre, il ſe plaça ſous deux grands arbres qui formoient de-là un ombrage agréable. Colibry qui s'impatienta de la lenteur de ſa marche, propoſa de s'avancer juſqu'à lui ; point du tout, dit Zambeddin : j'ai appris de ma nourrice qu'il faut toujours attendre le boiteux ; il arriva enfin, c'étoit un petit vieillard ridé avec une mine toute réjouie ; Zambeddin lui demanda s'il y avoit quelqu'autre endroit où on pût passer la riviere, à quoi ayant répondu qu'il ne le croyoit pas. Mais, dit Zambeddin, comment ferons-nous ? Ah ! Monseigneur, répondit le vieillard, vous le sçavez mieux que moi : Eh ! bien, dit Zambeddin, si cela est ainsi, coupes-moi ces deux grands arbres ; le vieillard tira un de ces couteaux appellé communément *Eustache Dubois*, & coupa les deux arbres par le pied aussi aisément qu'il auroit pu faire un navet ; mais, dit Colibry, déja assez étonné, comment charrier ces arbres à la riviere ? Oh ! Monseigneur, dit le vieillard, vous le sçavez mieux que moi : Eh ! bien, dit Zambeddin, prends les tous deux sur ton épaule, & portes-les au bord de l'eau ; le vieillard déchargea lestement l'un d'un côté l'autre de l'autre, & s'avança avec Zambeddin au bord de la riviere. Mais, dit Zambeddin, comment agencer cela pour nous en faire un Pont ; oh ! Monseigneur, dit le vieillard, vous le sçavez mieux que moi ; eh ! bien, dit Zambeddin, tire ton couteau de ta poche, fais ensorte que ces deux arbres suffisent pour aller jusqu'au Pont, & ajuster les branches en forme de claie, pour que mon cabriolet puisse passer; cela fut fait en moins d'un demi-quart d'heure. Le cabriolet passa avec assez d'inquiétude de la part de Colibry, qui avoit peur à tout moment que les branches ne rompissent; mais lorsqu'ils furent à l'autre bout du Pont, ils s'apperçurent que les dernieres arches manquoient, il y avoit à la place un pont-levis d'une hauteur prodigieuse, dont la bascule étoit relevée. Le vieillard avoit paisiblement accompagné le cabriolet & marchoit à la tête du cheval: quand ce Pont-là s'abaissera-t-il, lui dit Zambeddin; oh! Monseigneur, vous le sçavéz mieux que moi: eh! bien, dit Zambeddin, prends

prends ton couteau, fais un entrechat, & vas-t'en couper les chaînes du pont, pour qu'il tombe de lui-même. Le vieillard aussitôt prit son élan, coupa les chaînes du pont, comme il auroit fait des jarretieres de laine, le pont s'abattit & le cabriolet paſſa. Le vieillard alors dit à Zambeddin ; à préſent que vous voilà paſſé, qu'eſt-ce que je deviendrai ? oh ! pour cela, dit Zambeddin, tu le ſçais mieux que moi. Vous avez raiſon, répondit le vieillard, & prenant ſes jambes à ſon col plus vîte que le coureur le plus leſte, il diſparut bientôt aux yeux de Zambeddin. Le Prince étoit alors au milieu d'une magnifique

I

avant-cour terminée par une grille d'argent du travail le plus élégant : la grille étoit fermée, il commençoit à pleuvoir, Zambeddin auroit fort défiré d'entrer ; il voyoit plufieurs perfonnes aux fenêtres du Château, mais dont aucune ne paroiffoit fonger à lui venir ouvrir. Le Roi fon pere dans plufieurs entretiens particuliers, l'avoit inftruit du caractère des Fées les plus importantes, & auxquelles felon les apparences il pouvoit avoir affaire : ce qu'il lui avoit dit de la Fée contradictoire, perfuada Zambeddin que c'étoit à la demeure de cette Fée qu'il venoit d'arriver, & jugeant que par un auffi mauvais tems, s'il témoignoit avoir envie d'entrer, elle lui feroit paſſer la nuit à ſa porte ; il deſcendit paiſiblement de ſon cabriolet, & ſe mit à ſe promener en regardant à droit & à gauche, d'un air indiférent ; un inſtant après la grille s'ouvrit, une Dame le vint recevoir ſur le perron du Château, & lui donna le choix ou d'entrer pour ſe repoſer, ou d'aller trouver la Fée qui étoit à ſa promenade par un tems où l'on n'auroit pas mis un chien dehors. Zambeddin apprenant qu'il étoit chez Contradictoire, répondit que ſon empreſſement de faire ſa Cour à la Fée, l'obligeoit à l'aller trouver ſans délai ; il refuſa même de traverſer la maiſon, parce q'uon lui indiqua un autre chemin plus court, il alla la joindre aſſez loin ſans parapluye, parce qu'on lui en avoit offert. Contradictoire le reçût à merveille, & comme elle n'étoit pas mouillée, parce qu'il ne pleut jamais ſur les Fées, elle continua ſa promenade juſqu'à ce que la pluie fut paſſée. Je vous demande pardon, lui dit-elle alors, de ne m'être pas apperçue que je vous laiſſois mouiller, rentrons dans le Château, vous y ſerez mieux ; Zambeddin l'aſſura que c'étoit une bagatelle, & qu'il en avoit été bien dédommagé par l'avantage de lui faire ſa Cour, & le plaiſir de voir d'auſſi beaux jardins. Je suis enchantée, dit-elle, de ce qu'ils sont à votre gré; il faut que je vous fasse voir une piéce que j'ai fait faire nouvellement ; elle est un peu loin, mais à votre âge on a de bonnes jambes ; c'est précisément ce que n'avoit pas Zambeddin qui avoit toutes les peines du monde à la suivre : lorsque sa fantaisie de promenade fut passée, il étoit l'heure où il auroit été bien fait de sortir; en rentrant avec Zambeddin, elle lui demanda s'il avoit dîné, & lui ayant dit que non : Ah ! j'en suis au défespoir, répondit-elle, je ne dîne presque point, je sortois de table quand vous êtes arrivé, & précisément aujourd'hui, je souperai une heure plus tard qu'à mon ordinaire. Point du-tout, répondit Zambeddin, j'en suis enchanté; toutes les fois que je me dérobe un répas, cela me fait beaucoup de bien ; mais, dit-elle, il faut vous amuser jusqu'à l'heure du souper. Quel Spectacle est le plus de votre goût ? La jeunesse donne assez la préférence à l'Opera Comique ; il est vrai, répondit Zambeddin, & la Musique gaïe est fort analogue à mon caractère : la Fée donna un clin d'œil à une des personnes de sa suite, & peu après on vint avertir que le Spectacle étoit prêt; tandis qu'on jouoit l'ouverture, vous allez, dit-elle, voir une Tragédie ; le sujet est peu intéressant, la piéce mal conduite, le style foible ; vous m'en direz votre avis, si pourtant vous avez peur de vous ennuyer, je vais.... Comment, dit Zambeddin, c'est tout ce que j'aime qu'une tragédie, quand elle est bonne, elle m'intéresse, & lorsqu'elle ne vaut rien, elle me fournit des matériaux pour la critique de l'esprit humain. Le Spectacle fut ennuyeux, & ne finissoit point. Zambeddin bailloit à se démonter la bouche, en disant qu'il s'amusoit à merveille; enfin on vint dire qu'on avoit servi; ce qui lui fit un grand plaisir, parce qu'il se mourroit d'inanition. Comme ils étoient au desfert, vous trouverez, dit-elle, que je vous fais retirer de bien bonne heure; les perſonnes âgées veillent peu. Je ſuis d'une ſanté ſi foible, répondit Zambeddin, qu'on ne m'a jamais permis de veiller, & j'ai pris le goût en même tems que l'habitude de me retirer d'aſſez bonne heure. Ah ! vraiment dit la Fée, j'oubliois qu'un bal eſt ce qui doit plaire le plus à un homme de votre âge; vous en allez avoir un dans l'inſtant: je ne ſuis point de taille à danſer, répondit Zambeddin, mais je n'en aime pas moins le bal, & comme les amuſemens en ſont fort variés.... Il ne durera pas long-tems, interrompit Contradictoire, vous devez être fatigué, & je ne veux pas vous rendre malade. Le Bal commença un instant après, Zambeddin qui n'y connoissoit personne, ne dût pas y prendre grand plaisir; il se mettoit du tabac dans les yeux pour s'empêcher de dormir; il prenoit des glaces pour avoir l'air occupé : Contradictoire le tint jusqu'au jour. Il auroit au moins desiré qu'elle lui eût parlé de ce qui avoit rapport à son entreprise ; mais à peine dans toute la journée lui en dit-elle quatre paroles ; en revanche, lorsqu'elle l'envoya chercher le lendemain de beaucoup meilleure heure qu'il n'auroit desiré ; il est tems, lui dit-elle, que vous partiez pour votre entreprise. Vous n'avez de jour que ce qu'il vous faut pour arriver à la plaine du Palais de l'escarboucle ; j'en suis fâchée ; je vous veux du bien, mais vous ne réussirez pas dans ce que vous allez entreprendre. Le seul époux de Mirazeid peut délivrer son pere, & vous ne ressemblez pas à celui qui lui est destiné. Je serai très-fâché, dit Zambeddin, de perdre une aussi belle occasion d'acquerir de la gloire, & de la réputation dans l'Empire des Fées ; d'ailleurs il est naturel de désirer des succès ; mais pour la main de Mirazeid, ce n'est pas du tout ce que je regretterai. Vous ignorez apparemment, dit Contradictoire, que c'est la plus belle personne de l'univers : la plus belle de l'univers, dit Zambeddin, est celle qui plaît davantage, & j'ai le cœur prévenu d'une si violente passion... Discours de jeune homme, interrompit Contradictoire, violente passion, vous mériteriez que je vous fisse laver la tête par le Roi votre pere ; il s'agit de l'alliance la plus avantageuse, de l'établissement le plus grand, & vous allez me parler d'un goût passager.. Non, il faut que vous épousiez Mirazeid, vous êtes doux, aimable, vous la rendrez heureuse; vous n'êtes pas contrariant comme ce fat de Tulipan qui ne trouve jamais rien de bien. Vous avez quelque chose d'heureux dans les yeux ; vous réussirez en dépit de vous, partez & ne répliquez pas davantage, songez seulement à ne pas vous laisser éblouir par l'éclat de l'escarboucle, c'est le seul avis qu'il me soit permis de vous donner.

Zambeddin continua sa route, sur laquelle il trouvoit des Châteaux, des Palais, des monstres qu'on lui proposoit de dompter, des inscriptions qui annonçoient des enchantemens faciles à détruire : Colibry lui faisoit remarquer tout cela ; Zambeddin suivoit paisiblement son chemin sans que rien pût le détourner, & quand Colibry lui en demandoit la raison ; j'ai ouï dire à ma nourrice, lui dit-il, que, *qui trop embrasse, mal étreint* ; & que *pour arriver sûrement à son but, il ne falloit jamais s'écartet de sa route* ; enfin comme le jour finissoit, au sortir d'un petit bois, il découvrit une plaine immense au centre de laquelle étoit le Palais qu'il eut le tems d'examiner de loin. Seize colonnes d'albâtre avec des bases & des chapiteaux d'or, formoient un sallon de forme ronde, où l'on montoit par plusieurs dégrés de granite oriental. De chacune de ces colonnes partoient des enroulemens d'or émaillés de pierreries qui se réunissoient au même point terminé par un bouquet de pierres précieufes, duquel pendoit un Pavillon de velours vert brodé d'or & de perles attachés en divers endroits par des nœuds de diamans. Sous ce Dais paroiffoit un Thrône d'or fur lequel étoit placé le Dragon qui tenoit dans fes dents l'efcarboucle impériale. Ce Dragon étoit le plus joli de tous les Dragons. Son corps & le deffus de fes aîles étoient vertes & or ; le deffous de fes aîles, de fes griffes & de fa queue étoient couleurs de feu & argent ; & on n'auroit pu le regarder fans plaifir, fi les Dragons étoient d'une humeur un peu fociable. L'éclat que répandoit l'efcarboucle, donnoit à Zambeddin la facilité de tout examiner de très-loin ; il eut le tems de s'appercevoir qu'une nuit ténébreuſe couvroit tous les endroits où l'éclat de l'eſcarboucle ne pouvoit parvenir, & que le Thrône, le Dragon & l'eſcarboucle, par conſéquent tournoient de droite à gauche par un mouvement lent & continuel. Il en conclut qu'en attendant patiemment, la partie de la plaine qui s'offroit à ſes yeux, deviendroit ténébreuſe à ſon tour, & que par conſéquent il pourroit arriver au Palais ſans danger d'être ébloui ; il ne ſe trompa pas dans ſes conjectures, & alors mettant pied à terre, car il crut qu'il ſe roit plus à propos de ne point faire de bruit, il s'avança feul vers le Palais où il arriva précifément comme la face du Dragon & l'efcarboucle étoient tournées du côté oppofé. Autour du Palais étoient en différens endroits des baffins, du même marbre que les dégrés, pleins d'une eau très-claire, & contre chacun des pieds d'eftaux des colonnes, étoit appuyé en dehors un vafe d'agathe orientale d'une beauté merveilleufe. Le caractère des Dragons étant naturellement fort impétueux, ils font d'un tempérament très-chaud, & par conféquent ils font toujours altérés; Zambeddin en conclut que ces vafes étoient là là pour qu'on les remplit d'eau & qu'on les préfentât au Dragon ; il prit donc le vafe le plus près de lui, le remplit, entra avec dans le Palais, & plaça le vafe en dedans contre le même pied d'eftal où il l'avoit pris; il voulut fe retirer enfuite, mais un pouvoir invincible le retint, & l'empêcha de fortir ; il étoit très-dangereux de fe trouver feul avec un Dragon pour voifin, mais dans un fi grand péril, il ne perdit ni la tête ni le courage. Il fe tint toujours à l'abri du Thrône dans le côté ténébreux, & attendit que le Dragon fe retrouvât vis-à-vis du vafe ; dès que cela fut ainfi, le Dragon voulut boire, com-

K

me Zambeddin l'avoit prévu; il fut obligé de quitter l'efcarboucle qu'il plaça en effet, fur un carreau de velours cramoifi, brodé de perles, qui étoit à côté de lui, & lorfque fa tête fut entrée dans le vafe, Zambeddin qui l'obfervoit, porta la main fur le carreau, faifit l'efcarboucle qu'il mit à fon doigt, & attendit ce qui devoit arriver. Le Dragon, après avoir bu, voulut retourner à fon Thrône; appercevant Zambeddin, il fit des fifflemens affreux. Le Prince lui préfenta l'efcarboucle dont l'éclat l'éblouit tellement qu'il tomba privé de fentiment, comme on a vu qu'il étoit arrivé à Tulipan. Zambeddin maître du

Sallon & du Dragon, s'approcha de lui pour l'examiner ; il trouva qu'il avoit sur le dos une selle de velours vert très-commode pour s'asseoir, il en conclut qu'il ne pouvoit sortir du Sallon sans s'y placer ; il n'y fut pas plutôt, que, comme les rayons qui partoient de l'escarboucle ne frappoient plus les yeux du Dragon, il se ranima au même instant, & après avoir entouré Zambeddin de sa queue, comme pour lui en faire une espéce de garde-fou pour l'empêcher de tomber, il s'élança entre les deux colonnes les plus près de lui, & s'éleva dans les airs avec la plus grande rapidité.

Tulipan peu de tems après, reprit ſes eſprits ; à la prodigieuſe lumiere qui l'avoit ébloui, ſuccedoit une nuit profonde ; il crut d'abord avoir perdu la vue pour toujours, & il commençoit à s'en ffliger, mais peu-à-peu le crepuſcule vint à paroître, & à la naiſſance du jour, toutes ſes craintes ſe diſſiperent. Il vit alors le Palais du Dragon, il s'apperçut que le Trône étoit vuide, il s'avança, & ne trouvant aucune difficulté, il entra dans le Palais, il le parcourut ſans trouver aucun obſtacle, & n'y voyant ni Dragon ni eſcarboucle, il voulut en ſortir, mais ce fut inutilement. Il ſe préſenta à toutes les ouvertures, & enfin il fe rapprocha du Trône, & fe mit à le confidérer. Dans ce moment, ayant frappé du pied un peu plus fort qu'à l'ordinaire, le carreau fur lequel il s'appuyoit, s'enfonça : Tulipan découvrit un dégré du même marbre par lequel il crut devoir defcendre; & le plancher fe referma auffi-tôt ; nous le laifferons errer dans ce fouterrein fans guide & fans lumiere, & nous irons retrouver Zambeddin qui, pendant ce tems parcouroit les airs. Les rayons du foleil faifoient fur l'efcarboucle le même effet que fur les étoiles qu'ils obfcurciffent, & les brillantes couleurs du Dragon fembloient n'être qu'un cerf-volant, après lequel tous les enfans couroient avec des cris d'admiration. Après une route très-longue, mais faite très-promptement, le Dragon s'abattit enfin dans une vaste plaine à côté d'une cage à poulets, & dès que Zambeddin eut mis pied à terre, sa monture s'éléva de nouveau, & disparut à ses yeux; Zambeddin quelques années après le retrouva dans la Ménagerie de Souveraine.

Zambeddin en mettant pied à terre ne se trouva point du tout fatigué, la voiture étoit si douce, que peut-être même avoit-il dormi pendant le reste de la nuit; à quelques distances de lui, il apperçut Colibry appuyé contre un arbre qui dormoit à côté de son cabriolet ; il l'éveilla & lui demanda comment il se trouvoit-là. Colibry baillant & se tirant les bras, ne put lui en rendre raison. Le Prince impatienté, se rapprocha de la cage, il y vit sept ou huit poules de différentes couleurs qui, toutes marquoient un grand respect pour une poule blanche comme neige, qui se promenoit au milieu d'elles. Il imagina que ce seroit leur faire grand plaisir d'ouvrir la cage ; effectivement toutes les poules de couleur s'envolerent, & la poule blanche demeura toute seule. Zambeddin s'avisa de lui présenter le poing, comme il eut pu faire à un épervier ; elle y monta fans fe faire prier ; il comprit qu'elle étoit deftinée à faire route avec lui ; il monta en cabriolet, la poule s'établit fur fon épaule, elle y faifoit un fi prodigieux bruit que Zambeddin s'en trouvant importuné ; belle poule d'argent, lui dit-il, ne pouvez-vous vous fervir d'un langage de poule qui foit plus à ma portée ; volontiers, répondit-elle, cela m'eft abfolument égal ; il y a tant de gens, pour qui parler & caqueter, eft la même chofe. Apprenez-moi d'abord par quel hazard vous vous trouvez ici, où nous allons, & ce qui me refte à faire ; c'eft,

lui

lui dit-elle, de quoi je ne puis vous inftruire. Toutes les fois qu'il fe préfente quelqu'un pour délivrer Mirifahed, je fuis obligée d'être dans le lieu où vous m'avez rencontrée; j'y demeure, jufqu'à ce qu'il ait manqué fon entreprife; perfonne ne l'a pouffée encore auffi loin que vous: Je m'y fuis engagé, dit Zambeddin, fans fçavoir ce que j'allois faire; je ne connois ni Mirifahed, ni fa fille, je ne fçais pourquoi il eft enchanté: vous me feriez grand plaifir de m'apprendre leur hiftoire; cela m'eft très-aifé, répondit la poule, en même-tems elle fe plaça derriere la tête de Zambeddin, dont la boffe lui faifoit une espéce de chaife longue, & fe trouvant plus à portée de fon oreille, elle commença avec la voix la plus douce fon récit en ces termes:

Hiſtoire de Mirifahed & de la Princeſſe Caillebotte.

Les Fées que la fupériorité de leur effence met à portée de ne fe point tromper dans leurs choix, préférent quelquefois des hommes que les dons de la nature dédommagent de ceux de la naiſſance & de la fortune. C'eſt ainſi qu'en uſa la Fée Albiane: le bonheur le plus parfait, fut le fruit d'une union dirigée par les con-

seils de la sagesse ; son mari possé-
da l'estime de tout l'Empire, la
confiance & l'amitié particulière
de la Fée Souveraine, & ce choix
fut applaudi de tout le monde,
excepté de la seule Fée Gloriole
sœur d'Albiane. Elle ne put voir
sans indignation que sa sœur eût
fait un mariage qui paroissoit
si disproportionné ; elle lui en fit
les reproches les plus amers, &
en toute occasion, marqua du mépris pour son beau-frere, & lui
fit par-tout les affronts les plus
sensibles ; les femmes ne pardon-
nent pas à ceux qui avilissent
l'objet de leur amour : Albianne
se brouilla entierement avec sa
sœur qui ne s'en soucioit guère ;

Lij.

elle cessa entierement de la voir, & résolut de tirer vengeance de ses procédés.

Gloriole se maria quelque tems après avec un Prince qui n'avoit de recommandable que la noblesse de son extraction & l'étendue de ses Domaines. Cette alliance, à laquelle la seule vanité de part & d'autre avoient présidé, eut les suites qu'elle devoit avoir. Assez peu aimables l'un & l'autre, ils s'aimerent médiocrement, & se persuaderent qu'ils vivoient bien ensemble, parce qu'ils n'y vivoient pas absolument mal. Gloriole même, au bout de quelque tems, accoucha d'une fille; comme elle n'avoit pas daigné faire part de son mariage à sa sœur qu'elle traitoit comme une bourgeoise, elle ne l'instruisit ni de la naissance de sa fille, ni du jour où, selon l'usage, elle devoit rassembler plusieurs Fées de ses amies pour douer la jeune Princesse. Plus d'une semaine auparavant, Gloriole s'occupa de la magnificence de son appartement & de l'élégance de sa parure ; son couvre-pieds de dentelles fut le plus beau qui eût jamais été ; elle attendit la compagnie dans le lit le plus recherché, ayant à côté d'elle le berceau de sa fille arrangé avec le plus grand soin. Le cercle fut beau & silencieux ; l'éventail fit la plus grande partie de la converfation, interrompue de tems-en-tems par les éloges mutuels que les Fées donnoient à leurs coëffures : l'heure de fe féparer étant venue, la plus ancienne des Fées paffa devant le lit, fit une révérence à Gloriole, une autre au berceau qu'elle toucha de fon éventail, en difant, elle aura un beau teint ; la feconde paffa de même, en difant, elle aura les cheveux blonds, une autre, elle aura les yeux bleus & les paupierres noires, une autre, elle fera heureufe, & après plufieurs, une enfin dit, elle époufera.... Un garçon de boutique, s'écria Albiane qui fortit de derriere un paravant de la

Chine, qui l'avoit jufques alors dérobée à tous les regards; elle toucha en même-tems le berceau de fon éventail, & difparut avec la plus grande promptitude; dès que Gloriole l'entendit, il lui prit des vapeurs, il fallut brûler une quantité infinie de rubans de Bruge, & elle en eut une attaque de nerfs pour laquelle il fallut la tenir à l'eau de poulet pendant fix mois.

Au bout de quelques années, Albianne étant venue au Palais de Souveraine, elle trouva Caillebotte, c'eft le nom de la jeune Princeffe, que fa mere y avoit laiffée pendant un voyage qu'elle avoit été obligée de faire; il étoit impossible de ne pas la trouver la plus agréable du monde; la nature en avoit fait tous les frais. Gloriole & ses amis ne faisoient pas assez de cas de l'esprit & du caractère, pour s'en occuper dans les souhaits qu'on avoit faits pour elle. Albiane prit un tel goût pour sa niéce, qu'elle se repentit du mauvais tour qu'elle lui avoit joué, & comme elle la rêvit plusieurs fois, elle finit par se l'attacher de telle façon qu'elle chercha à réparer le mal qu'elle avoit fait; elle n'eut pas de peine à en trouver les moyens. Mirisaheb son fils étoit de quatre ans plus âgé que Caillebotte; étant à la chasse, le hazard la lui fit rencontrer, & s'étant informé de son nom & de sa naissance, il revint chez sa mere, ébloui de sa beauté, épris de l'amour le plus tendre, & déterminé à tout faire pour l'obtenir. Les jeunes gens ont les passions vives : Albiane eut toutes les peines du monde à l'empêcher d'aller se jetter aux genoux de Gloriole dont il auroit été on ne peut pas plus mal reçu, mais elle fut ravie de donner à sa niéce une marque essentielle de la tendresse qu'elle avoit conçue pour elle, & lorsqu'elle eut calmé la premiere impétuosité de Mirisaheb, elle l'instruisit de l'Arrêt fatal qu'elle avoit elle-même prononcé contre Caillebotte, de la maniere dont il falloit s'y prendre pour en rendre les effets moins funestes, & lui permit d'aller dans la ville où Gloriole & sa fille faisoient leur résidence, lorsqu'elle le vit capable d'éxécuter le projet qu'elle avoit formé.

Mirisaheb en arrivant se promena par la ville, & étant parvenu sur une belle & grande place, il vit avec tout le plaisir qu'on peut imaginer ; Caillebotte qui alloit à la promenade, il apprit que c'étoit son chemin ordinaire, & il attendit son retour pour jouir encore une fois de la satisfaction de la voir ; il s'arrêta par hasard vis-à-vis d'un caffé qui faisoit le coin de la place, avec cet air de curiosité & d'oisiveté qui caractérise les étrangers. Le vieillard à qui appartenoit cette boutique, & qui étoit assis à sa porte, le remarqua. Jeune homme, lui dit-il, vous m'avez l'air d'être nouvellement arrivé dans cette ville, & de n'y pas avoir de grandes affaires. Vous ne vous trompez pas, répondit Mirsaheb ; le hasard m'a conduit ici ; j'ai vu passer une jeune Princesse dont la personne attire l'attention, encore plus que son cortége. J'attends son retour avant de me retirer dans le premier Caravan-Serail qui se trouvera sur mon chemin : Et de quel païs venez-vous, dit le vieillard? Mes parens, dit Mirsaheb, sont de Diarbekir, ils ont mal fait leurs affaires, & n'étant pas en état de me soutenir, ils m'ont dit d'aller moi-même chercher fortune: Et à quoi vous destinez-vous? Je n'ai point de profession décidée, dit Mirisaheb; comme mon pere a été riche, j'ai eu l'éducation de quelqu'un qui est né dans l'aisance, je sçais chanter, danser, jouer des instrumens, assez pour m'en amuser & non pour m'enrichir. Vous avez, dit le vieillard, une phisionomie sage & honnête qui prévient en votre faveur. Mon métier n'est pas difficile, je suis limonadier, j'ai perdu il y a quelques jours un garçon qui m'étoit fort attaché; je comptois, n'ayant point d'enfant, lui laisser le peu que j'ai; si vous voulez prendre sa place, vous aurez le leger avantage que je lui destinois. Je n'aurois osé me flatter, dit Mirysaheb, d'un événement si favorable, & vous pouvez compter sur toute ma reconnoissance. Comment vous nommez-vous, lui dit le vieillard, comme il vous plaira, repliqua Mirysaheb ; mais dit le vieillard, cela m'est absolument égal, portez votre véritable nom ou un autre, selon que vous l'aimerez mieux. Eh ! bien, dit Mirysaheb, je me nomme Octave. Il entra en même-tems dans la boutique, il n'eut pas besoin de changer d'habit, parce qu'il s'étoit vêtu simplement en partant, & il se mit à faire tout ce que le vieillard lui prescrivit. Il voyoit tous les jours passer Caillebotte, & comme il n'en étoit pas remarqué, pour attirer son attention, il se mit un jour à jouer de la guitarre & à chanter, en s'accompagnant lui-même; Caillebotte qui aimoit la musique, ne fut pas long-tems sans y faire attention, elle l'entendoit de loin, & comme il s'interrompoit par respect au moment de son passage: elle lui fit dire un jour qu'elle désiroit qu'il continuât, & après s'être d'abord occupée de ce qu'elle entendoit, elle en vint bientôt à remarquer Octave lui-même. Un jour qu'elle paſſoit devant la boutique, ſon palanquin ſe rompit, elle ne manqua pas de ſe trouver mal, comme il convenoit à une perſonne de ſi grande conſidération qui ſe trouve dans un très-petit danger. Ses Dames deſcendirent promptement, & lui apporterent des flacons de toute ſorte d'eaux. On la fit entrer dans la boutique, & ayant demandé un verre de limonade, Octave lui-même le lui préſenta; elle lui parut délicieuſe, ſoit qu'elle le fût effectivement, ſoit qu'Albiane qui peut être avoit eu quelque part à l'aventure du Palanquin, eut pris plaiſir à rendre cette boisson agréable. Caillebotte en but un second verre, un troisieme ensuite, & étant retournée au Palais, car après un pareil accident, elle ne devoit pas être en état d'aller à la promenade : elle demanda à boire, on lui apporta de la limonade, qu'elle trouva détestable; elle expédia promptement un page pour lui en faire apporter de celle du caffé. Octave suivit le page, & il eut l'honneur d'être admis dans l'appartement de Caillebotte qui le reçut avec ce plaisir, dont elle-même ne savoit peut-être pas la cause : outre la limonade, il se hasarda à lui présenter des glaces d'ananas, qu'elle déclara supérieures

rieures à toutes celles qu'elle avoit jamais prises, & dès qu'il fut parti, elle ordonna que sans délai, il fût pris pour son chef-d'office, & qu'il entrât en fonction dès le lendemain.

J'aurois dû dire précédemment que Gloriole avoit élevé sa fille aussi mal qu'il lui avoit été possible : dès l'âge de quatre ans, elle lui avoit donné une maison, des Dames, des équipages, des Officiers, elle imaginoit qu'il n'étoit pas de sa grandeur de se faire instruire des détails de son éducation. Caillebotte étoit dans un quartier du Palais séparé de celui de sa mere, elle y tenoit sa Cour, n'alloit chez Gloriol qu'à certaines heures, & n'y étoit jamais en particulier. Gloriole n'a peut-être passé de sa vie un jour entier entre son mari & sa fille, elle n'a jamais connu ces doux épanchemens, ces doux plaisirs du cœur qui naissent de la nature & de la vertu, & dont on ne peut jouir qu'au sein de sa famille qu'on aime tendrement, & dont on est aimé de même.

Dès le lendemain, l'Intendant de la maison de Caillebotte envoya chercher Octave, & crut le combler de joie, en lui annonçant le poste auquel il étoit élevé; sa surprise fut extrême; quand Octave l'en remercia, & le pria de l'en dispenser, non qu'il refusa ses services à Caillebotte, à laquelle il protesta au contraire d'être entierement dévoué ; mais il dit qu'il devoit trop au vieillard pour l'abandonner, qu'il vouloit demeurer toujours son garçon de boutique, qu'il viendroit tous les soirs travailler pour la Princesse, mais qu'il resteroit toujours avec son bourgeois. Comme il fut impossible de le faire changer de résolution, il fallut bien en passer par-là. Octave retourna à la boutique, & le soir vint au Palais travailler pour le dessert. La réputation du caffé se répandit bientôt par toute la Ville ; tous les gens de goût trouverent qu'on ne pouvoit boire d'autre limonade.

Les beaux esprits s'y assemblerent, les amateurs des échets s'y réunirent, les politiques firent mettre des bancs auprès sur la place, & en moins de quinze jours, Octave & la boutique furent à la mode ; mais Albiane eut soin que sa figure ne pût causer aucun ombrage ; Caillebotte voyoit toujours le visage & la taille de Mirysaheb ; mais aux yeux de tout autre, il n'avoit qu'une figure basse, & une taille assez gauche. Un soir qu'il étoit dans le Palais, il se mit à jouer de la guitarre sur une terrasse où donnoient les fenêtres de l'appartement de la Princesse qui prenant un singulier plaisir à l'entendre, vint fur fon balcon; dès qu'il s'en apperçut, il fe mit à chanter des romances; car en général elles font féduifantes, & l'amour lui en infpira une auffi parfaite dans fon genre que la limonade dans le fien. Caillebotte qui ne put y réfifter, l'appella pour l'entendre de plus près, & la retenir plus aifément. Tranfporté de joie, il accourut au bas de la fenêtre, chanta certainement plus tendrement, que jamais il n'avoit fait, & cette foirée fut peut être celle où il fit les plus grands progrès fur le cœur de la Princeffe. Quelques jours après, il y eut un bal chez une Fée, amie de Gloriole, elle s'y rendit avec fa fille, & Mirysaheb y fut auſſi; il avoit une taille fort élégante, & danſoit les allemandes mieux que perſonne, quoique peut-être avec trop de précipitation, on ne le reconnut point dans le bal, il ne ſe démaſqua pas, mais les yeux de l'amour pénétrant à travers le maſque, Caillebotte le connut, elle danſa très-ſouvent avec lui, il lui dit apparemment les choſes les plus ſpirituelles & les plus tendres. Quand il la revit à ſon balcon, ils continuerent cette même converſation, & il en vint bientôt au point d'oſer parler de ſon amour ſans myſtere, & d'être écouté ſans courroux d'abord, & par la ſuite très-favorablement.

Un jour que son amour plus éloquent qu'à l'ordinaire, devenoit à chaque instant plus pressant & plus tendre, Caillebotte avec un soupir lui dit, que le seul obstacle qui pût s'opposer à sa félicité, étoit la distance immense que le sort avoit mise entr'eux. Ah! s'écria Octave, si je n'en ai pas d'autre à combattre, il m'est aisé.... Au même instant un orage affreux, un tonnerre épouventable, un vent, une pluye terrible, forcerent la Princesse de fermer sa fenêtre. Octave renversé par terre, fut obligé de rentrer chez lui, plein de trouble & d'effroi. Pendant qu'il corrigeoit le désordre que cette pluye prodigieufe avoit mis dans fon ajuſtement, Albiane parut. Ah! ma mere, s'écria-t-il, que ne vous dois-je pas? Sans vous mon fecret alloit m'échapper, j'en frémis encore. Je ne fçais ce qui en pouvoit arriver, rien autre chofe, lui répondit Albiane, que la perte affurée de l'objet de votre tendreffe : foyez donc une autre fois plus maître de vous-même, vous ferez quelqu'imprudence à laquelle tout mon art ne pourra apporter de remede.

L'appartement de Caillebotte donnoit par un côté fur un jardin de fleurs entierement fermé de grilles, elle s'y promenoit fouvent feule, & depuis que l'amour
s'étoit

s'étoit emparé de son ame, une secrette mélancolie l'y conduisoit presqu'à chaque instant. Une nuit que sans s'en douter, elle s'occupoit de l'objet de son amour; la porte qui communiquoit du jardin dans un bosquet, se trouva ouverte, elle y entra en rêvant, ce bosquet joignoit le parc; la Princesse qui y apperçut une foible lumiere, eut la curiosité de vouloir voir ce que c'étoit, en s'approchant, elle entendit jouer de la harpe, sa curiosité redoubla, & ce n'étoit que de la curiosité; car elle croyoit Octave borné à la guitarre. A mesure qu'elle avançoit, la lumiere s'éloignoit toujours; & Caillebotte sans s'en appercevoir, se trouva très-éloignée du Palais, elle parvint enfin à un pavillon très-simple. Quelle fut sa surprise en ouvrant la porte de voir que c'étoit Octave qui jouoit de la harpe ! elle voulut fuir, mais il n'étoit plus tems. Octave étoit à ses pieds, plus tendre, plus amoureux, plus aimable que jamais ; Caillebotte qui ne s'y attendoit pas, n'avoit pû prendre des mesures, pour fortifier son cœur contre un événement si imprévu; la Princesse ne vit plus autre chose que l'amour & son amant : il y a grande apparence que le cabinet étoit enchanté; Caillebotte interdite & tremblante, consentit à faire de l'amant le plus tendre, le plus heureux de tous les époux. Le pere & la mere de Myrisaheb invisibles l'un & l'autre, furent témoins de leurs sermens & de leur union, tandis que dans les bras de son époux, Caillebotte oublioit le Palais de son pere & tout l'univers. Albiane vola chez Souveraine, & l'instruisit de tout ce qui s'étoit passé, s'assura de sa protection contre les entreprises de Gloriole, & obtint d'elle que dès que les deux amans seroient reçus dans ses Etats, leur asyle ne pût être découvert par les Fées subalternes.

Le jour étoit déja grand, lorsqu'après un sommeil tranquille, nos amans revinrent à eux-mêmes. Caillebotte en sortant du pavillon, sentit son imprudence; mais l'amour étoit chez elle plus fort que le repentir; elle ne songea qu'aux moyens de dérober elle & son époux, à la colere de Gloriole; elle étoit si éloignée du Palais & le jour si avancé, qu'il n'étoit pas possible d'y entrer, sans être vue par beaucoup de personnes. Elle espéra, comme on entroit fort tard chez elle, qu'avant qu'on pût savoir son évasion, il se passeroit un tems considérable. Il étoit question de pouvoir arriver à la Cour de Souveraine, il se présenta à leurs yeux une petite charrette attelée d'un cheval assez maigre, & sans chartier pour la conduire. Octave y fit monter la Princesse, & prit les rênes du cheval ; ils ne s'apperçurent ni l'un ni l'autre que cette charrette étoit un nuage qu'Albiane avoit ainsi travesti pour ôter à Caillebotte tout soupçon de secours magique. Cette voiture l'entraîna avec beaucoup de rapidité, & nos amans furent en sûreté, avant qu'on fût instruit de leur départ. A peine étoient-ils dans les Etats de Souveraine, qu'Albiane invisible pour Caillebotte, se présenta aux yeux de son fils, & lui indiqua pour retraite cette Hôtellerie, où vous vous êtes rencontré avec Tulipan. Dans cette asyle heureux, également éloignés des grandeurs & du danger, ils jouissoient sans inquiétude de la plus parfaite félicité.

Cependant arriva l'heure de midi, & tout le service de Caillebotte fut dans la plus grande inquiétude de voir qu'elle ne s'éveilloit point; comme il restoit à peine le tems nécessaire pour la parer, (car si elle n'eût perdu que celui de ses exercices, c'étoit peu de chose) & que l'heure d'aller faire sa cour à Gloriole s'approchoit, sa Dame d'atours entra avec les plus grandes précautions, s'approcha du lit, & enfin s'étant apperçue que Caillebotte n'y étoit pas, elle parcourut tout l'appartement avec le plus grand effroi, & après bien des recherches inutiles, il fallut apprendre à Gloriole le malheur qui venoit d'arriver. Dans une occasion moins importante elle eût jetté les hauts cris, elle se fût évanouie, elle eût fait toutes les démonstrations de douleur qui ne persuadent personne ; mais comme il s'agissoit de l'intérêt du monde le plus grand, elle rappella toutes ses forces, se couvrit d'un nuage & courut au Palais de Souveraine ; elle obtint audience assez promptement, mais elle ne fut pas contente de la réponse qui lui fut faite. Souveraine lui dit que les raisons les plus fortes, l'empêchoient de se mêler de cette affaire, & de pouvoir lui donner aucun éclaircissement sur cet événement. Gloriole retourna chez elle, transportée de rage & de désespoir; & lorsque ces premiers regrets sur la perte de sa fille furent un peu modérés, la douleur d'avoir du dessous dans cette occasion, & le manque de considération qu'on avoit pour elle, lui firent prendre le parti d'en tirer la vengeance la plus éclatante. Quelques séveres que fussent les ordres que Gloriole avoit donnés dans son palais pour empêcher que la nouvelle de la perte de sa fille ne se répandit dans le pays, tant de gens en étoient instruits, qu'il étoit bien difficile qu'elle ne transpirât pas avec le tems. Octave étoit trop connu pour que son absence ne fît pas nouvelle dans sa ville. On rapprocha les événemens, on fit des combinaisons, & à force de conjectures, on parvint à deviner la vérité. La Fée Bredouillon qui en fut instruite des premieres, la répandit dans tout l'Empire des Fées, & elle parvint enfin aux oreilles de Gloriole. Si-tôt qu'elle put asseoir ses conjectures, le désir de punir sa fille & son ravisseur, fut le seul dont elle fut occupée; mais voyant que Souveraine protégeoit ceux qu'elle appelloit ses ennemis, elle prit le parti de dissimuler ; elle affecta un air tranquille, elle ceſſa de parler de Caillebotte, & parut même n'y plus penſer.

Il eſt rare que les Grands vivent enſemble dans une grande intimité. Les Fées ſe voyent dans les occaſions, & ne vont chez Souveraine que pour quelque affaire particuliere, ou vers le renouvellement des ſaiſons, tems auquel elles ſe réuniſſent dans ſa Cour en plus grand nombre. Un an s'étoit écoulé depuis l'enlevement de Caillebotte ; elle avoit paſſé ce tems dans l'aſyle que Souveraine lui avoit donné à jouir des douceurs de l'Amour & de l'Hymenée. La naiſſance de Mirazeid parut à Souveraine l'inſtant le plus propre pour adoucir Gloriole. L'Automne alloit commencer, c'étoit le plus beau tems de l'année, & celui où il ſe trouvoit le plus de Fées à la Cour de Souveraine. Un jour que Gloriole ſe promenoit avec une ſuite nombreuſe, elle vit paroître un Aigle blanc, dont les ſerres étoient d'or, les ongles & le bec de diamant, qui lui préſenta une lettre de Souveraine, qui contenoit des reproches obligeans du tems qu'elle avoit paſſé ſans venir la voir, & l'invitoit aux Fêtes du renouvellement de la ſaiſon. Cette marque de diſtinction, peu ordinaire, flatta ſinguliérement Gloriole;

elle se rendit au Palais de Souveraine, avec l'appareil le plus brillant qu'il lui fut possible, & comme Souveraine en parut très-occupée, elle fut accueillie par tout le monde, & fêtée on ne peut d'avantage ; au milieu de toute la satisfaction qu'elle en ressentoit, elle ne perdoit pas son projet de vue ; un soir que le bal étoit le plus animé, après avoir beaucoup dansé (car à la Cour de Souveraine, il y a des bals pour tous les âges) elle sortit, comme pour aller prendre des glaces, & voyant qu'on ne prenoit pas garde à elle, elle se glissa dans le petit appartement de Souveraine, pénétra jusqu'à son boudoir le plus intime.

Souveraine ne soupçonnant personne d'une pareille témérité, ne l'avoit pas fermé avec soin, Gloriole trouvant sur une table le miroir de vérité, le plus précieux thrésor de la Féerie, elle se hâta de le consulter. Elle y vit l'endroit où étoit Caillebotte, la route qu'il falloit tenir pour s'y rendre, & sans chercher à en savoir d'avantage, elle sortit avec précipitation de l'appartement & du Palais, se transporta tout de suite dans l'endroit où étoit Caillebotte, l'enchanta aussi bien que son mari, y joignant l'impossibilité de détruire cet enchantement que par le mariage de Mirazeid avec l'homme du monde qu'elle haïroit le plus ; elle revint enfuit promptement au Palais de Souveraine, & finit le bal avec ce plaifir cruel que la veangeance feule fait goûter à ceux qui s'y font abandonnés.

Comme Albiane devoit arriver le lendemain matin, Souveraine avant qu'elle parut, fit appeller Gloriole, s'enferma avec elle en particulier, & après l'avoir préparée à l'écouter par les marques d'amitié les plus engageantes, elle lui apprit toute l'hiftoire de Caillebotte & fon mariage avec le fils d'Albiane. Mais quel fut fon étonnement, lorfqu'elle vit Gloriole perdre véritablement connoiffance, & avoir befoin des secours les plus prompts ; pendant que ses femmes étoient autour de Gloriole, elle paſſa promptement dans ſon boudoir, elle apprit par le miroir de vérité tout ce qui s'étoit paſſé, & rentra dans la chambre l'indignation peinte ſur le viſage ; Gloriole qui avoit reprit ſes ſens, ſe proſterna à ſes pieds, & les yeux baignés de larmes lui fit l'aveu de ſa faute dont elle ſe trouvoit bien ſévérement punie par le malheur de ſa fille qu'elle alloit déſormais partager avec elle ; ſa douleur étoit ſi véritable, que Souveraine en fut touchée ; elle fit appeller Albiane, prit ce moment pour la reconcilier avec ſa sœur, & ne pouvant détruire l'enchantement, elle leur promit d'apporter à ce malheur le reméde le plus efficace, lorſque le tems en ſeroit arrivé. J'ai tout lieu de croire que nous y ſommes parvenus, & l'entrepriſe me paroît déja fort avancée.

Vous venez de me tenir, dit Zambeddin, un propos qui n'y eſt pas un grand acheminement. Quoi, dit la Poule, parce que je vous ai dit que l'époux de Mirazeid ſeroit l'homme qu'elle haïroit le plus! vous avez apparemment compté lui tourner la tête dès la premiere vue ? je doute en ce cas que vous ayez conſulté votre miroir ; je me rends, dit Zambeddin,

la

la justice la plus sévére, & je crois avoir droit de prétendre au moins à son estime & à son amitié ; pour son estime, dit la Poule, votre courage & votre générosité vous l'assurent, mais il est très-possible d'estimer quelqu'un & de ne le pas trouver aimable. Oserai-je, dit Zambeddin, vous faire une question, & me répondrez-vous avec vérité ? Mon état, lui répondit la Poule, est un état de sincérité, & il me seroit impossible de ne pas vous répondre juste quand même j'en aurois le désir. Eh bien ! dit Zembeddin, je voudrois savoir si Mirazeïd a un amant ; je vais, repartit la Poule, vous mettre au fait de l'état de

O

son cœur. Il y a quelques mois qu'un jour dans l'appartement de Souveraine, Mirazeid apperçut un braſſelet de diamans de la plus grande beauté, elle le mit à son bras, pour le mieux conſiderer, & après en avoir admiré l'éclat, elle jetta les yeux sur le portrait qui étoit au milieu ; cette curioſité étoit fort naturelle, & le portrait était très-propre à la ſatisfaire; c'étoit celui d'un jeune homme d'une taille élégante & de la figure la plus agréable. Mirazeid voulut au bout de quelques momens remettre le braſſelet où elle l'avoit pris, elle eut beau faire, il lui fut impoſſible de l'ôter de son bras. Après avoir fait plufieurs tentatives inutiles dans le cours de la journée, il fallut, quelque fut son embarras, l'avouer à Souveraine qui lui dit en souriant que puisque le portrait se trouvoit si bien à son bras, il étoit tout simple qu'il y restât. Comment seroit-il possible de ne pas fixer souvent ses regards sur son braffelet, & comment voulez-vous qu'une figure charmante ne fasse pas à la fin quelque impression sur un jeune cœur? Mirazeid en vint à se persuader que ce portrait étoit celui du jeune Prince destiné à être son époux. La douceur de ses yeux annonce la candeur de son ame, son air noble & gracieux inspire en même tems le respect & la confiance. Mirazeid s'est attachée à cette image, elle espéroit chaque jour qu'il viendroit entreprendre de délivrer Mirisaheb ; vous détruisez toutes ses espérances & vous devez croire qu'elle ne vous en sçaura pas bon gré. Il me reste une demande à vous faire, dit Zambeddin ; savez-vous, dit la Poule, que vous êtes questionneur comme un provincial? n'importe, de quoi s'agit-il. De tout ce que vous venez de me dire ; je conclus dit Zambedin, que vous êtes Mirazeid & vous voudriez en vain me le nier ; je vous ai dit qu'il ne m'est pas permis de mentir. Je suis Mirazeid & si j'avois prévu cette demande, j'aurois mis plus d'égards & de politesse dans mes réponses. Je vous en dispense, dit Zambeddin; puisque nous sommes sur le ton de nous parler sans compliment, je vous dirai que Mirisaheb ne sera point désenchanté si vous ne reprenez votre figure naturelle avant votre mariage; toutes les fois qu'il s'est présenté quelqu'un dit la Poule, j'ai été obligée de prendre cette figure que j'ai quitté au moment où ils ont manqué leur entreprise ; tout comme il vous plaira, interrompit Zambeddin ; mais vous avez beau être belle poule d'argent, hupée, panachée, moirée, je ne vous épouferai point, si.... Comme ils en étoient là, ils se trouverent dans un lieu où la plaine descendoit par une pente assez roide jusqu'au bord d'un lac immense qui s'offroit aux yeux de Zambeddin; au milieu de ce lac étoit une isle & dans cette isle une tour d'argent. La Poule alors s'éleva brusquement dans les airs & s'adressant à Zambeddin; Prince, lui dit-elle, si vous étiez celui dont Mirazeid porte le portrait à son bras, je vous aurois apprris qu'il falloit me retenir, & m'obliger à vous indiquer la maniere de traverser le lac; vous avez eû tout le tems nécessaire, vous ne l'avez pas fait; tirez vous-en comme vous pourrez, je vais rentrer dans la tour dont apparemment vous trouverez les moyens de me faire sortir; en achevant ces paroles, elle s'éleva d'un vol aussi rapide que le phœnix; Zambeddin qui la suivit des yeux, la vit rentrer dans la tour par la fenêtre du grenier.

Zambeddin demeura interdit assez long-tems : enfin Colibry le tirant par la manche : voilà, dit-il un manque de présence d'esprit, dont peut-être nous aurons bien lieu de nous repentir ; mais qu'y faire ? on ne s'avise jamais de tout. Allons, reprit Zambeddin, descendons au bord du lac, nous prendrons conseil de l'occasion. Si cette Mirazeid avoit affaire à moi, dit

Colibry.... cela me fait prendre les poules en averfion; je mettrai dans le pot toutes celles que je rencontrerai. Que veux-tu, dit Zambeddin ? il faut fouffrir ce qu'on ne peùt empêcher; c'eft ce que me difoit ma Nourrice. Cette Nourrice-là, reprit Colibry, vous a élevé toute feule; vos gouverneurs vous ont volé votre argent. Plus de plaifanterie, dit Zambeddin; & tâchons de réparer mon imprudence. Defcendu au bord du lac, le Prince commença à le parcourir des yeux, & à examiner s'il pourroit trouver quelque gué qui pût le conduire jufqu'à l'Ifle; car de bateaux il ne s'en préfentoit aucun; & la furface de l'eau ne paroiffoit indiquer
nulle

nulle part une profondeur moindre dans un endroit que dans un autre. L'impatience le gagnoit, & il étoit prêt de pousser au hasard son cheval dans le milieu de l'eau, lorsqu'il apperçut une belle carpe bleue & or qui alloit & venoit, sautoit en l'air, & faisoit toutes les gentillesses dont une carpe est susceptible. Zambeddin, attentif à profiter de tout, lui dit : belle carpe dorée, vous pourriez me rendre un grand service ; ce seroit de m'indiquer une route pour parvenir dans l'Isle. Elle ne lui répondit rien, parce que les carpes n'ont pas la parole en main comme les poules ; mais elle le regarda d'un petit air fin, & s'élançant d'une vingtaine de pas, elle traça un sillon dans l'eau. Zambeddin la suivit auſſitôt, malgré les repréſentations de Colibry qui mouroit de peur. La carpe s'avança & alla l'attendre à vingt autres pas. Zambeddin ſuivit encore; enfin par bien des détours, la carpe le conduiſit juſqu'à l'Iſle & diſparut auſſitôt. Cette Iſle étoit un jardin enchanté; les fleurs & les fruits de toutes les ſaiſons y étaloient les couleurs les plus brillantes, & y exhaloient les parfums les plus délicieux : l'avenue qui conduiſoit à la tour, étoit formée par des palmiers d'une hauteur prodigieuſe, & bordée par des boſquets charmans, ſéparés par des maſſifs de toute ſorte de fleurs, ornés de bassins d'une eau argentée, & décorés de statues du travail le plus exquis. Dans ces bosquets, on appelloit Zambeddin à tout moment : tantôt on lui proposoit d'y faire sa toilette, tantôt d'y prendre du chocolat ; dans celui-ci de venir voir la répétition d'un ballet, dans celui-là d'acheter les portraits de tous les Princes, qui avoient échoué dans leurs entreprises, avec l'histoire de leurs vies & de leurs malheurs. Le Prince continua sa route sans s'arrêter, & parvint enfin à la vue de la tour. Les murailles en étoient de gaze d'argent, assez clair pour découvrir le jour à travers, mais pas assez pour distinguer les personnes dont elle étoit remplie : un perron magnifique y servoit d'entrée, & présentoit un portail soutenu par des colonnes de cannetille d'argent : la porte paroissoit être de filigramme. Deux Géants presque aussi hauts que les murailles de la tour, & qui portoient chacun une massue d'argent, étoient de bout aux deux côtés du perron. Dès que Zambeddin parut, ils leverent chacun leur massue ; mais elles resterent suspendues. La vue de l'escarboucle que Zambeddin portoit à son doigt, quoiqu'elle perdit son éclat pendant le jour, leur ôta la force de lui nuire ; & il monta aussi tranquillement que si les Géans n'y eussent pas été. Arrivé à la porte, il ne découvrit pas de serrure; & ne voyant aucun autre moyen de l'ouvrir, il la toucha avec son escarboucle, qui ne produisit pas l'effet qu'il avoit attendu. Ah! dit le Prince, si le boiteux étoit ici, je suis sûr qu'il me seroit d'un grand secours. En même-tems, ayant tourné par hasard la tête, il l'apperçut qui se promenoit dans un bosquet voisin : camarade boiteux, lui cria-t-il, viens un peu ici. Le boiteux accourut : comment ferons-nous, dit Zambeddin, pour entrer dans cette tour? Ah! Monseigneur, dit le boiteux, vous le savez mieux que moi. Eh bien! dit le Prince, prends ton couteau & fends moi cette porte en deux.

Le boîteux obéit, & il ouvrit la porte avec beaucoup de facilité. Où irai-je à préſent, dit Zambeddin ? Vous le ſavez mieux que moi, répondit-il ; & prenant ſes jambes à ſon cou, il diſparut comme la premiere fois. Zambeddin entra en même-tems dans la tour : ſa magnificence l'éblouit autant que ſon élégance le charma : c'étoit un ſallon oval, dont les colonnes étoient de filigramme d'argent, entourées de guirlandes de turquoiſes & de topaſes, ſéparées par des rideaux de moire bleuë & argent, rattachés par des nœuds de perles. Un grand nombre de Dames les plus belles du monde, toutes en grand habit, entouroient un trône impossible à dépeindre, sur lequel Mirazeïd en robe d'un drap d'argent brodée de perles, effaçoit toutes les autres par l'éclat d'une beauté à laquelle rien ne se peut comparer. Zambeddin s'approcha du trône avec respect, pour baiser le bas de la robe de Mirazeïd qui ne voulut pas le souffrir : mais quelle fut sa surprise lorsqu'en levant les yeux, il reconnut Mirazeïd pour l'original du portrait qui étoit sur sa boëte, & pour la jeune personne qu'il avoit protégée contre Tulipan! Peu s'en fallut qu'à une vue si peu attendue, il ne perdît tout-à-fait l'usage de ses sens ; mais à la joie que cette premiere surprise lui avoit causée, succéda bientôt un mouvement de douleur auſſi vif, en ſe rappellant qu'il étoit l'homme du monde qu'elle haïſſoit le plus. Ses ſentimens confondus lui ôterent pendant quelques momens l'uſage de la parole. Mirazeid ſurmontant le trouble qu'elle éprouvoit en préſence de Zambeddin, rompit le ſilence la premiere, ſi l'on peut appeler ainſi quelques mots prononcés trop bas pour être entendus, & auxquels Zambeddin ne put répondre qu'en balbutiant.

Au milieu de ce cercle brillant, parurent bientôt deux Ambaſſadeurs, qui après s'être communiqué leurs pouvoirs, venoient pour être les témoins de cette illuſtre alliance. Ils prefenterent au Prince & à la Princeſſe les lettres de leurs parens, & la cérémonie ſe fit tout de ſuite avec beaucoup de pompe, au bruit d'une multitude d'inſtrumens de toute eſpèce, qui avoient déja annoncés l'arrivée de Zambeddin & celle des Ambaſſadeurs. Un repas ſplendide fut ſervi preſque auſſitôt. Les Dames eurent l'honneur de manger à la table des deux époux, qui furent ſervis par les Ambaſſadeurs. Zambeddin fit tous les frais de la converſation avec plus d'agrémens & de liberté d'eſprit, qu'il ne devoit naturellement en avoir; il s'attira les ſuffrages de toute la Cour, qui prit pour de l'embarras le silence & la tristesse de Mirazeid. Comme on alloit servir le caffé, le plafond s'ouvrit, il en sortit un un aigle bleu qui plaça vis-à-vis la Princesse un coffret de cristal de roche, monté en or, dans lequel paroissoit un breloquier de la plus grande magnificence. Mirazeid comprit aisément qu'il falloit ouvrir le coffre, mais nulle part on n'y voyoit de serrure. Zambeddin, après l'avoir bien examiné, apperçut derriere une petit crochet, où il fourra la clef de sa montre, & le coffret s'ouvrit aussitôt ; il en tira le breloquier, dont la richesse & l'élégance furent admirés de tout le monde, & Mirazeid consentit à le mettre à son côté avec une peine secrette, d'être obligée de se parer de ce qui lui venoit de la main de Zambeddin; mais aussitôt il se fit entendre un grand bruit de tonnerre, la terre trembla, les murailles de gaze d'argent se retrousserent en l'air en forme de pavillons; il fut libre à tous ceux qui y étoient retenus de sortir de la tour, & Zambeddin ayant présenté la main à Mirazeid, lui aida à descendre le perron, tandis que le bruit des instrumens & les cris d'un peuple innombrable, annonçoient à l'Univers la fin de l'enchantement de Mizareid.

Il fut queſtion alors d'aller délivrer Miriſaheb, le Prince & la Princeſſe, étant montés enſemble dans une caleche de jardin, deux nains les conduiſirent à travers différens boſquets, où ſe trouvoient à chaque inſtant des groupes de Muſiciens & de danſeurs, qui ne pouvoient à peine les tirer de la rêverie où ils étoient plongés chacun de leur côté. Ils parvinrent enfin dans un dernier boſquet, où le nombreux cortege, qui les avoit accompagnés juſques-là, n'eut pas la liberté de pénétrer : les deux époux mirent pied à terre, &, dès qu'ils furent entrés, un lion terrible parut devant la porte pour défendre le paffage, qu'à cette vue perfonne ne fut tenté de forcer. Au fond du bofquet à droite, étoit un édifice de marbre noir foutenu par quatre colomnes, dont tous les ornemens étoient d'acier. Au milieu paroiffoit une porte de métal, traverfée par une barre où pendoit un cadenat, le tout de l'acier le plus fin & le plus poli. Zambeddin après avoir examiné la ferrure & le cadenat, ne voyant aucun moyen de l'ouvrir, s'avifa d'appeller à fon fecours fon camarade le boiteux. Il parut en effet, mais le lion qui gardoit l'entrée du bofquet, s'oppofa à fon paffage. Il fut obligé de fe retirer. Zambeddin, qui ne favoit quel parti prendre, s'imagina enfin que le breloquier de Mirazeid pouvoit lui être de quelque secours, parce qu'il avoit pris garde que la tour ne s'étoit ouverte qu'au moment qu'elle l'avoit mis à son côté. Il lui proposa d'en ouvrir les différens étuis qu'elle n'avoit pas eu la curiosité de parcourir, & en effet dès le premier qu'elle ouvrit, elle y trouva une clef d'acier qui parut à Zambeddin devoir être celle du cadenat. Il en fit l'expérience qui réussit à l'instant. On ouvrit un autre étui, & l'on y trouva la clef de la porte, ils entrerent sans difficulté, & d'abord un perron de marbre noir se présenta à leurs yeux. Comme ils ne voyoient qu'un crépuscule ténébreux dans lequel il eût été difficile de se conduire, Zambeddin poussa les deux battans de la porte. Dès qu'elle fut fermée, l'escarboucle répandit sa lumiere accoutumée, & l'on put descendre sans crainte d'accident, des murailles, & une voute de marbre noir furent d'abord la seule chose qu'ils découvrirent. Etant parvenus au pied du perron, ils virent une longue avenue avec des portes à droite & à gauche. De ces portes, à chaque instant, sortoient des spectres affreux, des monstres épouventables qui remplissoient Mirazeid de terreur ; elle se jettoit sans

cesse dans les bras de Zambeddin en poussant des cris douloureux; mais chaque fois qu'il tournoit l'escarboucle sur les yeux de tout ce qui les venoit attaquer, les spectres prenoient la fuite, les monstres tomboient privés de sentimens. Ils parvinrent enfin vis-à-vis d'une porte, dont une flamme très-vive empêchoit le passage. Zambeddin se souvint alors qu'il avoit dans sa poche une phiole d'eau précieuse qu'une vieille lui avoit fort recommandée dans le commencement de ses voyages ; il en jetta quelques gouttes sur le feu, & ils passerent aussitôt. Mirazeid reconnut alors le lieu où elle étoit , son
cœur

cœur treſſaillit à la vue de la porte de l'endroit où ſes parens étoient enfermés : elle avoit eu quelquefois la permiſſion de l'ouvrir ; la flamme que Zambeddin venoit de détruire s'oppoſant à ſon paſſage, ſi elle avoit voulu le franchir. Seigneur, dit-elle à Zambeddin, vous touchez au terme de votre entrepriſe ; je ſens une reconnoiſſance encore plus vive du ſervice que vous allez rendre à mes parens, que de celui que vous m'avez rendu à moi-même ; malgré cela, vous ſavez mes ſentimens ; je rougis, non de l'aveu que je vous en fais, mais de la honte de ne pouvoir les étouffer : attendez de moi tout ce

Q

que le devoir en exige, & soyez sûr que si mes efforts pour triompher de mon cœur sont inutiles, les reproches secrets que je me ferai continuellement, me rendront la plus malheureuse personne de l'Univers. Zambeddin lui baisa la main en soupirant, il n'auroit pas eu le tems de lui répondre, quand même il l'auroit voulu; ils étoient à la porte du souterrein où étoit Mirysaheb; la Princesse tira de son breloquier cette troisieme clef, la porte s'ouvrit, l'escarboucle remplit le souterrein de la lumiere la plus brillante, & Myrisaheb parut à leurs yeux: il tenoit à la main sa guitarre & depuis qu'il étoit enchanté, il n'avoit cessé de jouer sur un livre de romances qu'il avoit vis-à-vis de lui. Caillebotte s'occupoit en l'écoutant, à faire avec une grande patience une partie de Wisch, à laquelle elle n'avoit encore pû réussir. Tous les Princes, qui avoient tenté l'aventure, se creusoient l'esprit pour parodier, les airs que Myrisaheb jouoit sur la guitarre, & Tulipan depuis son arrivée, étoit occupée à chercher une rime à *ramage*, sans avoir encore pû la trouver. On peut juger de la joie mutuelle qu'ils eurent tous à se revoir. Myrisaheb, après avoir embrassé sa fille, se jetta aux genoux de son libérateur : Caille-

Q ij

botte en fit de même, & il ne fut plus queftion que de fortir en hâte du fouterrein. Il reftoit au breloquier de Mirazeid un dernier étui qui contenoit encore une clef, &, tandis que Tulipan & fes camarades s'épuifoient en complimens & en remercimens pour Zambeddin, il fongeoit à quoi elle devoit être employée. Une porte qui fe trouva à fa gauen fortant du fouterrein, lui parut devoir être deftinée à la recevoir. Cette porte s'ouvrit effectivement, elle conduifoit par un chemin affez court à un perron de marbre granite, par où, étant tous montés, ils fe trouverent dans le Palais de l'Efcarboucle au pied du trône du dragon ; le tonnerre, les éclairs & le bruit des inſtrumens annoncerent la fin de l'enchantement de Myriſaheb. On peut juger quelle fut ſa joie & celle de Caillebotte, lorſqu'ils virent la lumiere du jour dont ils avoient été privés ſi long-tems.

Tulipan & ſes Collegues, qui ne jouoient pas là le beau rôle, voyant leurs chevaux dans la campagne, ſortirent avec précipitation, & s'éloignerent ſans preſque être apperçus, parce que toute l'attention ſe tourna vers Albiane qui entroit, ſuivie du pere de Zambeddin. On peut s'imaginer ce qui ſe paſſa à cette entrevue. Il fallut enfin ſortir du falon pour fe rendre à la Cour de Souveraine où ils étoient tous attendus. Déformais la fortie n'en étoit plus difficile ; Zambebddin préfenta la main à Mirazeid, & dès qu'ils eurent defcendu les degrés ; belle Princeffe, lui dit-il, le don de votre cœur auroit été pour moi le comble de la félicité. Le Ciel ne m'y a pas deftiné, mais il me permet du moins la fatisfaction de pouvoir contribuer à votre bonheur, puifque vous ne pouvez être heureufe avec moi, foyez-le avec un autre, vous êtes libre ; je vous remets la foi que vous m'aviez donnée ; j'ai dû l'accepter pour détruire ces enchantemens, & n'ai pas ofé vous dire plûtot, que vous etiez la maîtresse d'en difposer; les fentimens que ce facrifice fait renaître dans votre cœur, me femblent encore un affez beau partage. Prince, lui répondit Mirazeid, je fens combien vous êtes digne de ce cœur qui fe refufe à vous malgré moi, mais s'il m'eft permis…. En ce moment Albiane & Caillebotte appellerent Mirazeid, montèrent avec elle & le pere de Zambeddin dans un même char qui s'eleva dans les airs à la vue de Zambeddin qui regagna triftement fon cabriolet. Mirazeid prit peu de part à la converfation de fes parens, ce n'étoit pas qu'elle ne fût fenfible à la joie de les voir délivrés de la peine où ils avoient été si long-tems. Son visage même portoit l'impression du plaisir pur que goûtoient ces heureux époux, mais les dernieres paroles que venoit de lui dire Zambeddin, lui donnoient beaucoup à penser ; elle fut enchantée que sa réponse eut été interrompue, & véritablement, elle ne savoit pas comment l'achever. Ses sentimens pour l'objet secret de sa tendresse, étoient toujours les mêmes, mais cet objet la méritoit-il ? Etoit-elle même assurée de son existence, & pouvoit-elle sur la foi d'un portrait briser des nœuds qui l'unissoient avec l'homme du monde qui méritoit le mieux son attachement

&

& qui avoit fait de si grandes choses pour l'obtenir ; d'un autre côté l'aversion insurmontable qu'elle avoit pour Zambeddin, lui faisoit paroître bien doux le consentement qu'il avoit donné à la rupture de leur union. Elle auroit eu besoin de conseil, mais à qui en demander qu'aux personnes les plus prévenues en faveur de Zambeddin & en présence même de son pere ? Elle n'avoit qu'un moment pour se déterminer ; ils arrivoient à la Cour de Souveraine : il falloit lui être présentée comme la Princesse de l'Isle des Poupelins, ou instruire tout l'univers d'un secret qu'elle ne se sentoit pas la force de révéler. Enfin, se dit-elle à elle

R

même, je vois qu'il faut immoler mon bonheur à ma gloire; l'intérêt de ma famille, ma reconoiſſance & celle de mes parens, exigent que j'étouffe une paſſion malheureuſe & peut-être ridicule. Les réflexions de Mirazeid étoient à peine achevées, lorſque le char arriva au Palais de Souveraine. On les fit tous entrer dans l'appartement ſecret de la Fée, où Gloriole ſe rendit un moment après. L'entrevue fut auſſi tendre qu'elle le devoit être, & tout ſe paſſa très-bien. Gloriole eut même une petite ſatisfaction qui ne contribua pas peu à lui rendre toute ſa belle humeur; c'eſt que, lorſqu'il fut queſtion d'aller ſouper, Mirazeid attendu la dignité du Prince son époux, paſſa ſans difficulté la premiere après toutes les Fées ; on imagine bien que Gloriole y prit garde.

Zambeddin étoit ſeul, & étoit monté triſtement dans ſon cabriolet, incertain de ſa deſtinée, mais très-déterminé à préférer à ſon bonheur celui de Mirazeid ; il étoit ſi abſorbé dans ſes réflexions, qu'il ne prit pas garde que ſon cheval avoit tourné & étoit entré de lui-même dans une cour entourée de pluſieurs bâtimens aſſez ſimples, & ſans aucune eſpece de ſymétrie ; il ne revint à lui que lorſque ſon cheval s'arrêta, & que les gens de la maifon lui propoferent de defcendre.

Il demanda où il étoit, & on lui répondit qu'il étoit dans la maifon de Robuftin, magazinier général de l'empire des Fées; une femme extrêmement petite, mince & bourgeonnée, lui offrit de fe repofer, & d'entrer dans un appartement où rien ne lui manqueroit; qu'elle ne tenoit pas d'auberge, mais qu'elle feroit très-flattée qu'il voulût accepter un logement & un fouper, les meilleurs qui lui feroit poffible. Zambeddin reçut cet offre avec beaucoup de politeffe, & comme il commençoit à être tard, il entra tout de fuite dans la maifon. La porte de la cuifine étoit ouverte,

Le Prince y entra par hazard, & fut très-étonné de voir fur le feu une marmite qui avoit peut-être fept ou huit pieds de haut. C'eſt, lui dit la Maîtreſſe; pour faire la foupe de tous mes ouvriers; il faut, dit Zambeddin, qu'il foient en grand nombre, auſſi font-ils, répondit-elle, & de toutes les eſ- pèces. C'eſt une des curioſités de ma maiſon; & ſi, en attendant que votre fouper foit prêt, ce fpectacle pouvoit vous amufer... Vous me ferez plaifir, dit Zam- beddin, de m'y faire conduire. Cadet, cria auſſi-tôt la Maîtreſſe, où es-tu ? Viens, mon petit. C'eſt, continua-t-elle, le plus jeune de mes enfans; il vous mettra au fait, car il est très avisé pour son âge. Que voulez-vous, Maman, répondit une petite voix? Va, dit-elle, mon petit, conduire ces Messieurs dans l'attelier, & mene-les par-tout. Cadet parut; vous le trouverez peut-être un peu grand pour son âge, il n'a encore que dix ans, (effectivement il avoit déjà sept pieds & demi) mais il fera mentir le proverbe qui dit, que mauvaise herbe croît toujours, n'est-ce pas mon petit? Cadet Robustin se mit en route, suivi de Zambeddin & de Colibry; il ouvrit une petite porte qui étoit dans le coin de la cour, & le Prince fut très-surpris de se trouver dans un superbe Péristile de marbre blanc, qui entouroit un jardin de fleurs, au milieu duquel étoit un baſſin d'eau jailliſſante. La galerie couverte, que formoit ce Periſtile, ſervoit à donner jour à un grand nombre de boutiques & d'atteliers de toute eſpèce, toutes fort éclairées, & où l'on travailloit avec beaucoup d'activité. La premiere boutique où Zambeddin entra, après s'être un peu promené, fut celle d'une marchande de modes, où beaucoup d'ouvrieres paroiſſoient occupées. Zambeddin par forme de converſation, demanda ce qu'elles faiſoient. Ce ſont, lui répondit une très-jolie ouvriere à qui il s'étoit adreſſé, des parures pour la Princesse Mirazeid, dont la nôce se fait aujourd'hui; & qui épouse cette Princesse, dit Zambeddin? Un Prince très-aimable, répondit l'ouvriere, dont je ne puis vous dire le nom; mais comme toute cette nôce se fait ici, vous pourrez l'apprendre dans les autres boutiques. Zambeddin passa delà dans celle d'un tailleur qui coupoit un habit pour homme, de l'étoffe du monde la plus agréable. Zambeddin l'interrogea, il répondit que c'étoit un habit destiné pour le Prince Zambeddin. Est-ce vous, lui dit le Prince, qui avez pris la mesure. Cela n'est pas nécessaire, répondit le tailleur; on m'a envoyé un de ses habits pour modèle, & je suis bien persuadé qu'il n'y aura pas à retoucher à ceux que je fais ; mais il faut avouer que je n'y ai pas grand mérite ; c'est la taille la plus belle & la plus réguliere dont on ait jamais oui parler. Zambeddin sortit en riant, aussi bien que Colibry, & passa chez un brodeur qui achevoit une guirlande de roses, entrelassées autour d'une baguette d'or, dont la délicatesse égaloit la magnificence ; mon épouse, dit le brodeur, travaille un Doliman, dans le même goût, pour la Princesse, & j'attends qu'on m'apporte des agraffes de diamans que je dois y attacher ; ce sont des habits de nôce, & il faut que je les livre avant deux heures d'ici. Zambeddin paſſa ſucceſſivement chez tous les différens ouvriers, dont on doit avoir beſoin dans les préparatifs de Mariage ; tout y étoit riche & élégant, & ſervoit également à embaraſſer Zambeddin. Il ſortoit de chez un peintre qu'il avoit vu travailler au portrait de Mirazeid, & ſe rapprochoit de la porte par laquelle il avoit paſſé pour entrer, lorſque Cadet l'arrêta, en lui montrant l'attelier d'un fondeur, d'un doreur & d'un ſculpteur, réunis pour une ſtatue de bronze, dont les différentes piéces étoient placées ſur différentes enclumes. A quel ouvrage êtes-vous occupés, leur dit Zambeddin ? A une statue de bronze, répondit le sculpteur, pour être placée dans un Palais, qu'on nous a dit s'appeller le Palais de l'Escarboucle ; elle sera dorée & d'un travaille exquis. En même tems les ouvriers frapperent à grands coups de marteaux, chacun sur l'objet de leur travail, & dans l'instant Zambedin sentit dans tout son corps des douleurs horribles ; il lui sembloit recevoir tous les coups de marteaux qui tomboient sur le bronze, & ne pouvant résister aux maux qu'il sentoit dans le corps & dans sa jambe torse, il sortit, s'appuyant sur le bras de Colibry, rentra le plus promptement qu'il lui fut possible dans la maison. Qu'avez-vous lui dit Robustine? Vous êtes pâle, vous paroissez changé : je n'en puis plus, répondit Zambeddin, je sens des douleurs affreuses, & il me semble compter sur mon corps tous les coup de marteaux que vous entendez d'ici. Ce n'est rien que cela, répondit-elle, c'est l'écho qui retentit sur vous, & qui, au lieu de vous faire du bruit, vous fait du mal. Cadet, apportes-moi une bouteille de vin de Rota. Le Prince en but un grand verre, & dans l'instant se trouva soulagé; mais malgré cela, très-foible. Il se fit conduire à sa chambre, & se mit sur son lit, en attendant l'heure du souper. Colibry après l'avoir deshabillé, descendit dans la cour pour se promener au clair de la Lune. Comme son maître n'appelloit pas, la faim commença à le travailler; il demanda à Cadet qu'il vit passer, s'il pourroit lui donner quelque chose à manger. Cadet répondit que cela étoit très-aisé, & qu'il alloit chercher une cuilliere à pot, pour lui tirer quelque chose de la marmitte. Zambeddin, couché dans une petite chambre très-propre, meublée d'une jolie toile d'orange, dormit environ deux heures sur un lit excellent. Il pouvoit être onze heures quand il s'éveilla, il se trouvoit encore un peu fatigué, il voulut appeller Colibry pour demander à souper, il passa dans une chambre à côté de la sienne, il n'y faisoit pas bien clair ; cette chambre étoit au-dessus de la cuisine, & y communiquoit par une trape directement au dessus de la grande marmite. Le Prince qui ne le sçavoit pas, avança sans précaution, la trape n'étoit pas arrêtée, il tomba dans la marmite & se trouva dans le bouillon jusqu'au col. Il eut beau crier, personne n'étoit dans la cuisine, on ne l'entendit pas. Il étoit fort en peine parcequ'il avoit peur que la marmite ne vint à boullir, & les bords étoient trop hauts pour qu'il pût en sortir. Comme il étoit dans cette perplexité, Cadet Robuſtin entra, tenant dans ſa main une cuilliere à pot de ſa hauteur, & l'ayant fourrée dans la marmite, il en tira Zambeddin fort aiſe d'être dehors, mais cependant grondant & témoignant aſſez d'humeur. Robuſtine, qui étoit à la porte, demanda aſſez haut ce que c'étoit, Zambeddin ſortit tout en colere. Robuſtine crut par politeſſe devoir gronder ſon enfant. Eh! bien, dit Cadet, voilà bien des raiſons ; eſt-ce parce qu'il a été un peu dans la graiſſe? il n'y a qu'à le laver, il n'eſt pas difficile d'y rémédier. En même tems ayant ſaiſi Zambeddin par ſa jambe torſe, il lui fit faire deux ou trois tours en l'air en la détortillant & le jettant avec force, l'envoya à cent pas de là dans un grand baffin rond qui fervoit d'abbreuvoir aux bêtes de charge de la maifon. Colibry ayant voulu dire fon avis, il y fut jetté de même ; tous deux tomberent dans l'abbreuvoir, Colibry évanoui de peur & Zambeddin qui d'abord avoit jetté des cris horribles, privé de fentiment par la force de la douleur qu'il avoit reffentie.

Colibry revint à lui affez promptement & fut très-étonné de fe trouver vis-à-vis d'une fenêtre dans un petit cabinet de bains très-joli, où Zambeddin étoit couché dans une baignoire fort élégante. Le Prince revint à lui quelques tems

tems après; Colibry le fit fortir du bain, & le voyant à moitié endormi, il l'aida à fe coucher dans un lit qui étoit auprès. Environ une heure enfuite, Zambeddin fe réveilla tout-à-fait & s'habilla au clair de la lune, fans trop prendre garde à l'habit qu'il mettoit & fortit précipitamment du cabinet pour aller s'éclaircir du lieu où il étoit. Seigneur, lui dit Colibry, je ne fçais à qui vous en avez, mais vous marchez fi vîte qu'il m'eft impoffible de vous fuivre. C'eft, dit Zambeddin, que j'ai très-grand froid, & pour achever de nous réchauffer, voyons qui arrivera le premier à la grille qui termine cette allée : il fe mit en même tems à courir avec tant de légereté que Colibry pour le joindre eut befoin du tems qu'il mit à ouvrir la grille. Il fe trouva alors dans une cour où à la clarté de quantité de flambeaux que tenoient des domeftiques, il vit les équipages de prefque toutes les Fées rangés avec beaucoup d'ordre. Il traverfa la cour & ayant monté un perron : Seigneur, lui dit un homme qui étoit en haut, vous ne pouvez entrer au bal fans être en habit de mafque, & fi vous n'en avez point, je vais vous ouvrir une chambre où vous trouverez tout ce qui vous eft néceffaire. Zambeddin le remercia & entra avec colibry pour fe mafquer. La furprife de l'un & l'autre fut grande lorſqu'ils s'apperçurent que Zambeddin n'avoit plus ſa jambe torſe, & enſuite que ſes deux boſſes avoient diſparu, & qu'il avoit la plus belle taill du monde. Je m'en étois douté, lui dit Colibry, & j'ai penſé vous le dire en vous voyant courir dans le jardin, mais il vous arrive des choſes ſi extraordinaires.... Tais-toi, lui dit Zambeddin, donnes-moi mon maſque, & vas m'attendre à la porte. J'augure bien de tout ceci, mais certainement nous ne ſommes pas au bout de nos aventures. Il entra dans le bal, jamais il ne s'en étoit vu de ſi beau. La Fée Souveraine avoit déployé tout ſon ſçavoir & toute ſa puiſſance pour le rendre auſſi agréable que magnifique. Les feſtons de perles & de diamans y étoient multipliés à l'infini ; mais dans un ordre & une ſymétrie ſi élégante, que le goût étoit infiniment au deſſus de la richeſſe. Les Fées & les Princes de leurs familles étoient les ſeules perſonnes admiſes dans ce bal. La ſalle étoit aſſez grande pour que l'on pût former pluſieurs danſes au ſon d'une muſique voluptueuſe : & quoique les différens orcheſtres jouaſſent chacun leurs airs particuliers, ceux qui étoient à portée d'en entendre pluſieurs à la fois, ne laiſſoient pas d'être encore ſatisfaits de l'union agréable quoique bizare de ces différentes harmonies. Zambeddin étoit à peine entré dans le bal avec un domino blanc fort bien arrangé, que Brébiane vint le prendre à danser; une des fantaisies de Zambeddin dans son enfance avoit été de prendre des leçons de danse, mais en cachette, parce qu'il en sentoit le ridicule. Toutes les fois qu'il étoit au bal, il examinoit avec grande attention les pas que chacun formoit, ensorte que dès la premiere fois, il se trouva en état de s'en bien tirer : ce qu'il auroit peut-être fait tout aussi bien quand même il n'eût jamais pris de leçons, puisque les gens de qualité sçavent tout sans rien apprendre. Quoi qu'il en soit, il dansa fort bien, la beauté & la régularité de la taille attirerent tous les regards; & comme c'étoit à lui à prendre, il alla faire une révérence de très-bonne grace à Mirazeid & lui proposa une périgourdine; il dansa ensuite plusieurs contredanses le plus souvent qu'il pouvoit avec Mirazeid, toutes si bien & de si bonne grace, qu'enfin il fut impossible à la Princesse de résister à la curiosité de le connoitre, personne n'ayant pû le lui nommer, elle prit le moment qu'ils gardoient leurs places pour une contredanse pour lui demander son nom: je suis, lui dit-il, l'original du portrait que vous avez au bras : Mirazeid à ce discours changea de couleur : peut-être les anciennes Fées qui étoient dans les loges s'en apperçurent-elles, pour la jeuneffe qui étoit en bas, comme chacun étoit occupé de fon objet, il eft à croire qu'ils n'en virent rien. La contredanfe commença, Mirazeid étoit fi troublée qu'elle ne fçavoit plus ce qu'elle faifoit ; Zambeddin qui n'étoit pas fatisfait du fujet de fon inquiétude, n'avoit gueres l'efprit plus préfent : Mirazeid en finiffant, le pria de ne plus approcher d'elle, parce qu'elle ne vouloit plus danfer avec lui. Il eut été fort aife alors de fe repofer, mais il étoit du bon air que toutes les belles danfeufes le priffent tour-à-tour, & il n'eut pas un moment de relâche : cependant on vint lui dire que Mirazeid le demandoit pour une contredanſe, cela n'étoit pas vrai, elle étoit paſſée dans un cabinet pour s'y habiller à la maniere des anciens Perſans, ce que l'on appelloit collet monté à la perſanne, il devoit y avoir huit Dames & autant de Cavaliers. Le hazard fit qu'il en manquoit un, tous d'un commun accord jetterent les yeux ſur le Domino blanc, & on l'envoya chercher de la part de Mirazeid, quoique ce ne fut pas par ſon ordre.

Zambeddin étant entré dans un cabinet, il y trouva l'habit du monde le plus galant, auquel il avoit vu travailler chez Robuſtin. On lui dit qu'il falloit quitter ſon maſque, parce que toutes les perſonnes

nes du quadrille étoient gens connus & qui n'avoient aucun intérêt à se déguiser, & comme les femmes étoient toutes extrêmement jolies, elles y auroient eu du défavantage. Le Prince qui avoit prodigieusement dansé, avoit excessivement chaud ; il fut ravi de cette occasion de respirer plus à son aise, mais quand il voulut ôter son masque, cela lui fut impossible, il avoit tellement fait corps avec son visage, qu'après plusieurs efforts, Zambeddin ne put jamais l'en détacher ; comme il étoit dans cet embarras & qu'on le pressoit de venir trouver le reste de la compagnie, il trouva par hazard dans sa poche la phiole dont il avoit fait usage dans le souterrein pour éteindre le feu. Il en frotta les bords de son masque & s'apperçut avec plaisir qu'il réussissoit à merveille; le masque se détacha, mais à la vérité il entraîna avec lui toute la premiere peau. Zambeddin n'y étoit pas fort attaché, parce qu'assurément elle n'étoit pas belle, & ayant achevé de se frotter le visage avec le reste de sa liqueur, il se trouva en un moment rafraîchi & reposé. Il courut à la chambre où toute la quadrille s'étoit rassemblée, & entrant en face d'une glace, il ne s'y reconnut pas lui-même. Mirazeid, qui l'apperçut, demanda son nom à Loupian & à Brébiane qui ne le reconnurent pas non plus, mais presque toutes les autres personnes qui avoient vu son portrait chez Souveraine, s'écrierent que c'étoit le Prince de l'Isle des Poupelins : c'étoit l'original du portrait que Mirazeid avoit au bras, & Zambeddin qui avoit voulu faire une plaisanterie pendant le bal, n'avoit pas compté si bien dire. Mirazeid dans ce moment vit clair dans son cœur, elle s'avança vers lui en lui disant, ah ! cher époux..... Il y avoit trop de monde pour en dire davantage : Zambeddin lui baisa la main en la regardant tendrement, leurs cœurs s'entendirent, & ils furent heureux.

La quadrille entra dans le bal où elle fut fingulierement applaudie, Souveraine fit compliment aux nouveaux époux, & leur dit que depuis la naiffance de Mirazeid, elle avoit préparé tous les événemens de leurs vies. Ils fçurent dans la fuite que le boiteux n'étoit autre que Loupian, que la carpe étoit Brébiane. Toutes les perfonnes qu'ils avoient rencontrées étoient les différentes Fées qui les protégeoient. Les fêtes de leur mariage continuerent & furent les plus brillantes qu'on eût jamais vues. Ils régnerent long-tems dans une félicité parfaite, & ceux qui se destinent à voyager dans l'Empire des Fées, doivent s'attendre à trouver encore aujourd'hui leurs postérités sur le trône.

FIN.

APPROBATION.

J'AI lu par ordre de Monseigneur le Vice-Chancelier, un Manuscrit intitulé : ZAMBEDDIN, *Histoire Orientale*, & j'y ai trouvé ce que les Lecteurs désirent le plus dans les Ouvrages de ce genre, beaucoup d'imagination & de gayeté. Au Buisson le 9 Juin 1767.

REMOND DE SAINTE ALBINE.

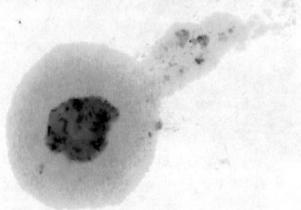

www.ingramcontent.com/pod-product-compliance
Lightning Source LLC
Chambersburg PA
CBHW071939160426

43198CB00011B/1461